味 な
たてもの
探 訪

ISLAND ARCHITECTURE

離 島 建 築

島の文化を伝える建物と暮らし

箭内博行

はじめに

　離島を訪れると、肩を寄せ合うように斜面に密集しながら建ち並ぶ家々をよく見かける。そして、その集落内に興味津々で足を踏み入れてみると、細路地や石階段が四方に延びていて、まるで迷路に迷い込んだような錯覚に陥るのだ。

　しかし、なぜこうまでして家々を密集させる必要があったのか？ もちろん、限られた立地条件をはじめ理由はいくつか考えられるのだろうが、ある時、その答えのひとつが、実体験を伴ってスッと腑に落ちたことがあった。

　名作『潮騒』の舞台で知られる三重県鳥羽市の「神島」。ある冬、荒天で船が欠航し、この島内で足止めを食ったことがあった。神島も斜面に家々が密集する離島のひとつ。風情ある細路地で区分けされた部落は「セコ」と呼ばれている。シケのこの日、海岸では歩くのも困難なほどの強風だった。しかし、家々の密集する細路地の奥に入ると、まるで先ほどの風が嘘だったかのようにシンと静まり返っていて、島の住人たちは、セコの内側で普段と変わらぬ日常を営んでいたのだ──。

　海によって本土と隔てられ、自然の猛威と隣合せの離島で生きること、暮らすこと。その大前提となる「住まい」「建物」を、いかにつくり、建て、快適に暮らすか。この課題に、いったいどれほどの先人たちが頭を悩ませ、知恵を絞ってきたことだろう。
　それらに想いを馳せ、建物に目を向けながら、東西南北、異なる風土の島々を歩いてみると、ひと味違った日本の姿が見えてくる。

　はじめにお断りしておくと、私は建築の専門家ではない。20数年にわたり、コツコツと日本中の離島を歩き、自然や民俗や人々の暮しを撮り続けてきた写真家だ。ただ、そうして見聞してきた離島の建築物の記録は、気がつけば相当な数に達していた。
　本書は、それら離島の建築をまとめ、ご紹介する一冊になる。ぜひ多くの"離島建築"を通して、島々に紡がれてきた暮らしと、人々のストーリーに触れていただけたらと思う。

写真家・箭内博行

CONTENTS

ARCHITECTURE TOURS

COLUMN

＊INTERVIEWページの「ISLAND INFO」に掲載している人口は、2020年国勢調査（確定値）に準じています

離島の基礎知識

実は"広い"島国・日本

　四方を海に囲まれ、大小無数の島々からなる島国の日本。時に"島国"という言葉は、狭小なことの暗喩として用いられるが、確かに陸地だけでみると、日本の国土面積は約38万㎢で世界第61位。決して広いとはいえないだろう。しかし、領海、排他的経済水域（EEZ）、延長大陸棚も含め、日本の主権が及ぶ海域全体で測ると、その海洋面積はなんと12倍の約447万㎢にもなり、日本は世界第6位の広さを持つ海洋大国となる。

　この面積確保に多大な貢献をしているものこそ「島」である。北は択捉島、南は東京都沖ノ鳥島、東は南鳥島、そして西は沖縄県与那国島と、日本の端はすべて「島」からなり、これらの島々があるおかげで日本の海洋面積が広域に保たれ、その海面から海底下に至るまで、水産・鉱物資源や海洋エネルギーなどの開発・管理を行う権利を確保できているのだ。

日本の島の数

　では、日本にはいったいくつの島があるのだろうか？　長らく基準となっていたのが、昭和62（1987）年に海上保安庁が『海上保安の現況』という資料で発表した「6,852島」。ところが、令和5（2023）年2月、国土地理院が電子国土基本図を用いて改めて計数した「14,125島」という最新の数値を公表し、世間を驚かせた。以降、この数が公の島数となっている。ただ、具体的な内訳については公表されていない。なお「有人島」（P11参照）の数については、令和2（2020）年国勢調査をもとに、国土交通省が「日本の島嶼の構成」という資料の中で、令和5（2023）年2月28日現在「416島」と公表している。

香川県塩飽諸島

沖縄県与那国島

「島」とは「離島」とは

そもそも「島」「離島」とはいったい何だろうか？「国連海洋法条約」では、「島とは、自然に形成された陸地であって、水に囲まれ、高潮時においても水面上にあるものをいう」とされている。日本は平成8（1996）年に当条約を批准しているから、そうなると、日本の国土を構成する水に囲まれた陸地はすべて「島」ということになる。だが、国内の様々な法令や公的解釈を鑑みると、一般的には北海道・本州・四国・九州を「本土」とし（沖縄本島を含める場合もある）、それ以外を「島」と呼ぶ例が多いようだ。

「離島」とは、一般的に陸地から遠く離れた島のことをいうが、明確な定義はない。ただ、生活・産業面などの改善を促し離島を支える「離島振興法」においては、指定離島が架橋され陸続きになると、ハンディキャップが解消されたと見なされ、原則的に指定解除となる。離島を支える法令として他に「奄美群島振興開発特別措置法」「小笠原諸島振興開発特別措置法」「沖縄振興特別措置法」「有人国境離島法」がある。

昨今の離島交通事情

架橋されていない離島と本土を結ぶ交通手段には、船、飛行機、稀にヘリコプターがある。それらは、離島の住民にとっては生活に欠かせない交通インフラであり、多くの場合、住民割引などの優遇制度が設けられている。

古今東西、離島交通の主役である船にも、現代は様々な種類がある。例えば、伊豆諸島航路や小笠原航路などに代表される大型旅客船、車両甲板とランプウェイを備えた長距離カーフェリー、瀬戸内などの内海を頻繁に行き交う短距離航路の両頭型カーフェリー。これらの船はスピードよりも輸送能力を重視しているので、のんびりと船旅自体を楽しみたい人に向いている。移動時間を節約したい場合には、高速船や船体を浮上させ飛ぶように走るジェットフォイルなどを利用するのが望ましいだろう。

空路・海路が共にある離島の場合は悩ましい。当然、飛行機は船よりも高額運賃になるが、時は金なり、時間を有効活用でき、船よりも天候に左右されにくいというメリットがある。また、窓際の座席を確保すれば、空から島々を愛でる楽しみにも出合える。ヘリコプターは多くの場合、救急搬送用のドクターヘリとして活用されることが多いが、中には伊豆諸島のように、島々の間を行き来する定期便も存在する。島旅の際には、目的やプランに合わせてうまくそれらを使い分けたい。

左／短距離航路の小型カーフェリー　広島県弓削島
上／ジェットフォイル　東京都神津島

離島は文化の集積地

離島建築と海の道

　古来、大陸をはじめ異国から日本へ伝来したモノや文化は、海の道を通じてもたらされ、国内各地に伝播した。途上の海に点々と連なる島々は、海路の要衝や文化の中継地として極めて重要な役割を担い、時の権力者にとっては、優れた水軍を擁して離島を含む制海権を確保できるか否かが重要な課題でもあった。

　国内の海運が飛躍的に発展したのは江戸時代。大坂─江戸間を、木綿・油などを積んだ菱垣廻船と酒積みの樽廻船が行き交い、全国津々浦々が海路で繋がり、地方との物流も活発化した。特に離島と深い関りを持ったのが、北海道や東北の米・海産物を積んだ北前船だ。日本海、瀬戸内海を通って大坂・江戸へ至る「西廻り航路」を、帆を張った弁才船が行き交い、その途上には風待ち潮待ちをするための港が築かれ、町が発展し、商店や遊興施設が軒を並べた。将軍代替わりの祝賀を目的に朝鮮から参じた外交使節団「朝鮮通信使」が寄港した港町も、大いに賑わい発展した。

　まだ鉄道や自動車もなく、陸路が未発達だった頃、最も効率よくモノと人を運べる交通手段は船であり、全国の船が集まる港町こそが、時代の先端をゆく文化の集積地だった。現在、内陸の都市部から遠く離れ、辺境の地となっている離島の静かな港町に、思いもよらぬ立派な古建築がひっそりと佇んでいるのは、そうした理由からだ。

離島の隔絶性と古建築

　明治以降、国内の船が帆船から機械動力の汽船へ変わると、風待ち潮待ち港の需要が激減。さらに鉄道・道路など陸路の発達が進むと、海道の要衝として栄えた島々の多くが時代変化のうねりに取り残され、次第に衰退していった。

　しかし、視点を変えると、離島の隔絶された環境が吉と出たともいえるのだ。なぜなら、流行の移り変わりの激しい本土ならスクラップ＆ビルドとなっていたであろう古建築が、離島ゆえにせわしい変化を遂げることなく、生き残ることができたといえるから。島々で受け継がれてきた古い建物は、島国ならではの日本の歴史を物語る、後世へ伝えるべきレガシーといえるだろう。

左／復元された千石船「白山丸」。佐渡国小木民俗博物館　上／釜山からやって来た朝鮮通信使再現行列。対馬の厳原港まつり

【北前船の主な航路】

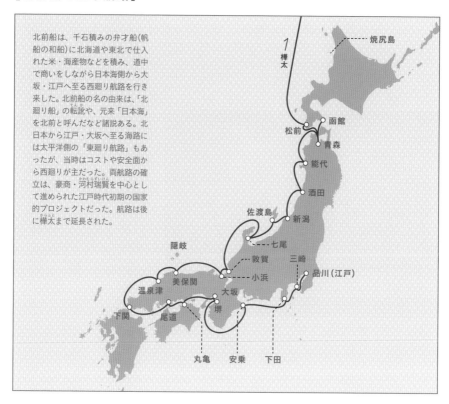

北前船は、千石積みの弁才船(帆船の和船)に北海道や東北で仕入れた米・海産物などを積み、道中で商いをしながら日本海側から大坂・江戸へ至る西廻り航路を行き来した。北前船の名の由来は、「北廻り船」の転訛や、元来「日本海」を北前と呼んだなど諸説ある。北日本から江戸・大坂に至る海路には太平洋側の「東廻り航路」もあったが、当時はコストや安全面から西廻りが主だった。両航路の確立は、豪商・河村瑞賢を中心として進められた江戸時代初期の国家的プロジェクトだった。航路は後に樺太まで延長された。

焼尻島
樺太
函館
松前
青森
能代
酒田
佐渡島
新潟
七尾
隠岐
敦賀
三崎
品川(江戸)
温泉津
美保関
小浜
下関
尾道
大坂
堺
丸亀　安乗　下田

【朝鮮通信使の主なルート】

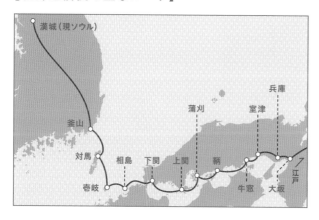

漢城(現ソウル)
釜山
対馬
壱岐
相島
下関
上関
蒲刈
鞆
牛窓
室津
大坂
兵庫
江戸

朝鮮からの外交使節団・朝鮮通信使の「通信」とは、信を通わせるという意味。室町時代に始まった日朝外交事業だったが、豊臣秀吉の二度にわたる朝鮮出兵によって途絶えた後、徳川家康により再開され、幕府体制下に12回来日した。漢城(現ソウル)を発った一行は、釜山から対馬へ入り、壱岐、相島へ寄港した後、下関から瀬戸内海へ。上関、蒲刈、鞆、牛窓など本州沿岸を通り、大坂からは陸路江戸を目指した。往復の途上、各藩では競い合うように通信使一行をもてなしたという。今も歴史にまつわる遺構が各地に残されている。

離島のタイプ別解説

「島」には、実は様々な種類がある。ここでは地質学的な成り立ちや、
よく耳にするキーワードも含め、代表的なものをタイプ別にご紹介していきたい。

トカラ列島諏訪之瀬島

◁ 火山島

日本は世界有数の火山大国。新旧の火山を合わせると「火山島」は相当数にのぼる。近年活発な活火山島に伊豆大島、三宅島、西之島、硫黄島、口永良部島、薩摩硫黄島、諏訪之瀬島などがある。意外なところでは利尻島、福江島も静かなる活火山島だ。

▽ 海洋島

火山噴火や珊瑚礁の隆起によって誕生して以来、一度も大陸と繋がったことのない島。そのため希少動植物が生息する割合が高い。国内では小笠原諸島、大東諸島。海外ではガラパゴス諸島やハワイ諸島など。反対に、大陸と繋がった歴史を持つ島を「大陸島」という。

大東諸島南大東島

小笠原諸島母島

△ 隆起珊瑚礁の島

地殻変動により海中の珊瑚礁が隆起してできた島。総じて平坦な特徴を持つが、内部のラグーン（礁湖）が盆地になった島（大東諸島）、火山と複合した島（小宝島）、年代の異なる層が堆積した珊瑚礁段丘からなる島（石垣島）もある。

◁ 架橋島
か　きょうとう

橋で外部と繋がっている島。「離島振興法」指定の島が架橋により間接的にでも本土と陸続きになった場合、隔絶性が解消されたと見なされ、指定解除となる。近年では愛媛県の九島や宮城県の気仙沼大島が架橋後に指定解除となった。

気仙沼大島

▷ 島山（山のような島）
しまやま

ここでいう島山とは「山のような島」のこと。「島」は海中からそびえる山の一角でもある。特にお椀型や円錐形など、島全体でひとつの秀麗な山容をなす島山は海上から見てよく目立ち、昔は航海の目印にもなっていた。

伊豆諸島利島

◁ 有人島と無人島

無人島ながら観光地であったり、人はおらずとも住民登録は有ったりと意外に判別が難しい両者。国としては5年ごとの国勢調査で人口が計数された島、または住民基本台帳に人口登録がなされている島を「有人島」、これらに該当しない島を「無人島」としている。国土交通省は資料「日本の島嶼の構成」の中で、令和5（2023）年2月28日現在、有人島416島、無人島13,705島と公表している。

芸予諸島の無人島・瓢箪島

▷ 多島海の島々

多島海とは、多くの島々が集まり点在する海域のこと。起伏の激しい大地が海に沈み、各山の頂が海上に島となって現れ、印象的な景観を生みだしている。代表的な場所に宮城県の松島湾、瀬戸内海、長崎県の九十九島など。いずれも日本を代表する景勝地といえる。

九十九島

奄美大島・加計呂麻島

◁ リアス海岸の島々

浸食された深い山谷が海に沈み、ギザギザの複雑な海岸線をなしている地形を「リアス海岸」と呼ぶ。入り組んだ湾が多く見られ、そのぶん面積の割に周囲の総延長が長くなる特徴を持つ。リアス海岸の島々がある代表的な場所に三陸海岸、英虞湾、宇和海、奄美群島などがある。

▷ 人工島

人工的に造られた島のこと。その多くは港湾に隣接する埋立地として造成され、架橋されている。主な目的は工業地帯、港、空港などの立地確保。古い例として、江戸時代の長崎に造られた出島や、幕末に造られた江戸防衛の要塞・品川台場がある。

神戸ポートアイランド

多良間島・水納島

▷ 二次離島

法的な定義はないが、本土(沖縄本島も含む)と直結する公共交通のない島を「二次離島」と呼ぶ。例えば、五島列島の福江島とのみ航路を持つ嵯峨島。沖縄の多良間島は、宮古島との間に海・空航路はあるものの、沖縄本島と結ばれていないため二次離島となる。一方、本土と直結する交通機関のある島は「一次離島」と呼ぶ。

下甑島のナポレオン岩

▽ 陸繋島

トンボロ(陸繋砂州)によって陸地と繋がる島のこと。香川県の小豆島と弁天島を繋ぐトンボロ「エンジェルロード」は、カップルで手を繋いで渡ると願いが叶うといわれるロマンティックな砂州。しかし、国内には満潮時に水没してしまうトンボロもあるので、ぜひご注意願いたい。

小豆島・弁天島

△ 奇岩の島

P.7で触れている通り、一定の条件を備えていれば「岩」も「島」になる。例えば北海道積丹半島沖の神威岩、伊豆諸島最南部の嬬婦岩、鹿児島県下甑島のナポレオン岩など、世に名高い奇岩の数々が実は無人島のひとつと知ると、「島」への興味がより膨らむのではないだろうか。

港を望む一等地にある旧小
納家。かつて真下の海岸が
小納家の漁港兼、鰊加工場
だった

DATA

竣工	明治33(1900)年
構造	木造2階建て

INTERVIEW 01

鰊漁の繁栄を語る
和洋折衷の不思議な建物

焼尻郷土館（旧小納家）
北海道・焼尻島

旧小納家の外観。六角形のポーチ部がかつての郵便局。建築当時の金属屋根はイギリスから輸入したものだったという

商店・旅館・郵便局を兼ねた鰊御殿

北海道・焼尻島の「旧小納家」（現焼尻郷土館）には、ほろ苦い思い出がある。といっても、この建物に何かの非があるわけでも何でもない。あれは初めて焼尻島を訪ねた10年以上前のこと。私は純粋な気持ちで未知の離島を楽しもうと、あえて予備知識をもたぬまま、港から"反時計回り"に島を一周することを企てた。

オンコの森の散策やサフォーク種羊の群れをのんびり探す島巡り。それらを一日楽しんだ後、港の方面へと戻り、「さあ、帰りの船に乗ろう」と思った矢先、いっぷう変わった和洋折衷の建物に出くわした。古い洋館のようだが、一部は日本家屋に違いない。が、屋根の頂には鋭い2本の尖塔が立っていて、金属屋根と、北海道ではあまり見かけない瓦葺き屋根を併せ持って

いる。いったい何だろうこの建物は……。

しかし、最終便の船はもうすぐ出てしまう。結局、無邪気な島巡りに終始してしまった私は、この建物について何も知ることができずに、後ろ髪を引かれる思いで焼尻島を離れたのだった。

ようやく再訪が叶ったのは、それから9年後の令和2（2020）年夏。新型コロナウイルスの猛威による緊急事態宣言が解除され、GoToトラベルなどの支援策が打ち出された頃。勇躍、北海道へ旅に出て、真っ先に向かった先が、焼尻島だった。

今度は港から"時計回り"で集落の方へ。すると程なく、かの建物に辿り着いた。以前は緑色だった主屋の菱葺き亜鉛トタン屋根がグレーに

賓客の接待などに使用された書院
造りの奥の間。朝鮮から輸入した
紫檀の床柱、千本格子と称される
微密な欄間、表裏から巧みに桟で
挟んだ障子戸など、簡素ながら細
部に贅が尽くされている

替わっている以外は以前と変わらぬまま。北海
道の有形文化財にも指定されている旧小納家は、
デンと海の方を向き、落ち着いた佇まいで泰然
と構えていた。

　旧小納家は、鰊漁の網元だった2代目小納宗
吉が、明治33（1900）年に住居兼商店経営を
考慮して建てた木造建築だ。加賀出身の小納家
は、明治17（1884）年、初代小納宗吉の頃に、
石川県江沼郡塩屋村（現加賀市塩屋町）から焼
尻島へと移住した。当初は海産物の買付を生業
としていたが、後に鰊漁場の譲渡を受けて漁業
に着手し、鰊漁の網元となった。

　北海道の鰊漁といえば、「江差の五月は江戸
にもない」と讃えられた道南の江差や、小樽、

石狩など、日本海沿岸での隆盛がよく知られる
ところだが、焼尻島も然り。この島の発展も鰊
漁と共にあったといっても過言ではない。明治
に入り、焼尻島では鰊の漁獲高が激増し、昭和
になってからも戦後の物資不足のインフレから
より一層高値で取引され、群れの回遊が途絶え
た昭和30年代前半まで、鰊は島の経済を支え続
けた。

　鰊漁で財を成した北日本の網元たちが、日本
海沿岸にこぞって建てた豪奢な木造の番屋や邸
宅などを「鰊御殿」と呼び、今もいくつかの
建物が東北地方から北海道にかけて残されてい
るが、焼尻島の旧小納家もそのひとつといえる
だろう。

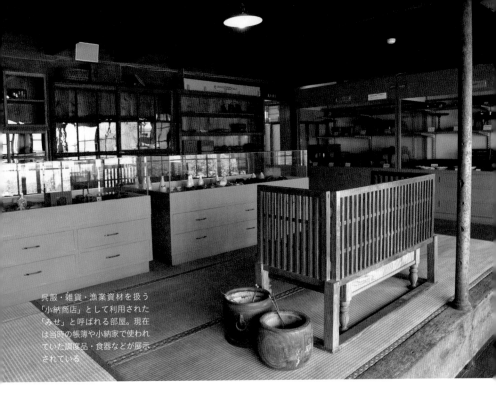

呉服・雑貨・漁業資材を扱う「小納商店」として利用された「みせ」と呼ばれる部屋。現在は当時の帳簿や小納家で使われていた調度品・食器などが展示されている

「あれは昭和42年のことですね。フフフ、ここで嫁入り道具を買ったんですよ」

ちょっとだけ恥ずかしそうに、ご自身の思い出話を聞かせてくれたのは、「焼尻郷土館」の職員・飯澤幸子さん。焼尻島出身の飯澤さんは、結婚にあたり、この旧小納家で家具などを揃えたという。

「この部屋が昔の小納商店になります。私が家具を買った場所ですね。ただ、その当時はもう商店ではなくて、この部屋を島外の業者に貸すようなかたちで、家具や雑貨などの出張販売が行われていました。それより昔の網元だった頃は、呉服や雑貨を扱う商店のほかに、郵便局や旅館など、様々な商売をしていたそうですよ」

住居と店舗を兼ねたこの建物には多くの部屋があり、小納家は各部屋を業種ごとに分けながら、巧みに商いを行っていたらしい。

「商店だったこの部屋は『みせ』と呼ばれていたようです。外から建物を見ると、六角形に張り出した部分がありますでしょう？ あそこは郵便局で、2階は旅館と電信局でした。そうそう、奥のトイレも見てくださいね、貴重な九谷焼のトイレですから」

それを聞いて、興味津々で昔のトイレに入ってみると、本当に芸術品のような九谷焼の便器が据えてあった。この点に贅を尽くすとは。なんだか妙に感心してしまう。すると、

「あ、九谷焼のトイレは、今はもちろん使えませんよ！」と、部屋向こうから飯澤さんの大きな声。確かに粗相があっては大変だ。が、そんな飯澤さんの気遣いが、なんだか微笑ましく感じられた。

「小納家はたいそう繁盛したんでしょうね」

飯澤さんに尋ねると、

「お金が有りすぎて、みせの畳の下や、お茶甕（かめ）の中に財産を隠していたらしいですよ」

笑顔で語る彼女のそんな逸話を聞いて、思わず足元の畳をまじまじと見つめてしまった。

時に経験談を交えながら、旧小納家について詳しく案内をしてくれる飯澤さん。彼女の言葉には、施設の職員を超えて、建物に対する愛着のようなものが感じられる。きっと、ご自身にも縁のある建物だからだろう。

明治から昭和にかけて財を成した小納家だが、一族が焼尻島を離れてすでに久しい。昭和52（1977）年、小納家がこの建物を羽幌町に寄付し、町が全面的に修復。同年、町の重要文化財に指定された後、昭和53（1978）年7月に「焼尻郷土館」としてオープンし、翌年に北海道の有形文化財に指定された。この建物が"旧小納家"と称される理由は、そうした経緯によるためだ。

1.館内に飾られている明治期の小納家を描いた貴重な絵画。眼下の海岸が鰊場であったことがよくわかる。記されたサインによれば、MIYOSHI氏による明治38（1905）年の作とされるが詳細は不明　2.焼尻郷土館職員の飯澤幸子さん（右）と柏邦子さん（左）　3.横綱・双葉山があがっても、びくともしなかったという欅造りの階段

　急な階段をのぼり、2階へとあがる。床板や手すりの所々がツヤツヤと光り、歴史を感じさせるが、いかにも頑丈そうな階段だ。

「立派な階段でしょう、欅造りです。戦前、大相撲の巡業が島へやって来た時に、横綱の双葉山がこの階段をあがったそうですが、ミシリともいわなかったそうですよ。この建物には、他にも、檜、黒檀、紫檀、桂などの木材が使われています」

　飯澤さんが教えてくれる逸話と、高級木材の数々に、思わず唸ってしまった。明治以降、日本各地で洋風建築が流行したとはいえ、北の離島の高台に建つこの和洋折衷の豪邸は、その時代、かなり特異な存在だったに違いない。それに、大相撲の巡業を呼べるほどに、焼尻島は栄え潤っていたということなのだろう。のどかな今の島の様子から往時を想像するのは、ちょっと難しい。

　2階の廊下の窓からは、港が一望できた。ちょうど、定期船のフェリーが入港してくるタイミングだった。きっと昔の旅人も、この窓から港を行き交う船と、その先にうっすらと見える北海道本土を眺めたに違いない。そんな当時の一場面については、想像することができた。

「冬場は閉めていますが、5月から9月まで開

1.正面玄関の奥に続く座敷と仏間。三間ある座敷は大広間として使用された　2.商店として利用された部屋「みせ」に展示されている注文帳や年賦取立帳などの帳簿類　3.九谷焼で出来たかつての便器とサンダルのような足置き。九谷焼は小納家の出身地である石川県加賀地方の名産品だ

けていますので、また来てくださいね」

　そう声をかけてくれた飯澤さんに別れを告げ、旧小納家を後にした。

　北の離島に建つ、和洋折衷の不思議な棟御殿は、そのユニークな建物の中に、様々な物語を宿していた。歴史のページをめくれば、きっと、さらに多くの興味深いストーリーを垣間見せてくれることだろう。焼尻島を去る船上から、あらためて旧小納家を望むと、屋根上のフィニアル（尖塔）がより際立って見えた。それが指切りげんまんの小指ではないけれど、「きっと、またおいで」と、私に再々訪を求める、サインのように見えた。

生活空間の「居間」。囲炉裏の上部はそのまま吹き抜けになっていて、1階屋根上の換気塔に繋がっている

1

1.和風の土蔵側から見た旧小納家。1階土間部の三州赤瓦が目を引く　2.主屋のてっぺんに立つ鋭いフィニアル。木造の意匠を保護するように金属が被せられている。菱葺き屋根と同じ亜鉛トタンだろうか　3.焼尻島の名産品、島内で放牧されているラム肉用のサフォーク種めん羊。高級食材として名高い　4.2階窓から望む焼尻港。海の彼方にうっすらと本土北海道が見える。羽幌港−焼尻島−天売島を結ぶフェリー「おろろん2」がちょうど入港してきた

3

2

4

かつての小納商店の暖簾。丸に剣酢漿草の紋と、屋号が染め抜かれている

2階部分の階段まわり。かつて旅館だった頃の風情が感じられる

和洋折衷の正面主玄関。平成23(2011)年撮影。当時は1階の菱葺き屋根が緑色で、ペディメント(三角形の装飾)の上部に洒落た波形彫刻があった

焼尻フェリー
ターミナル

羽幌町立
焼尻小中学校

オンコ原生林

焼尻郷土館

焼尻島

オンコ街道

鷹の巣園地

めん羊牧場

焼尻島灯台

白浜海岸

DATA

- ●所在地：北海道羽幌町
- ●面積：5.19㎢
- ●周囲：10.6km
- ●標高：94m(鷹の巣園地)
- ●人口：171人
- ●アクセス：羽幌港からフェリーで約1時間／高速船で約35分

1700年代中頃の鰊漁場開拓以降、漁業で発展してきた島。明治39(1906)年1島1村の苫前郡焼尻村となり、昭和34(1959)年羽幌町に編入された。幕末の長崎で日本初の英語教師となったラナルド・マクドナルド上陸の地として知られる。特産品はサフォーク種羊の高級ラム肉。近年、一時牧場が廃業になりかけたが後継者が見つかり存続が決まった。

北海道

北の島の屋根 —天売島（てうりとう）—

個性的な屋根の競演。天売島はまるで屋根の博物館。北の島で新たな旅の楽しみ方を見つけた

牧歌的でいかにも北海道らしい、急勾配でカラフルな切妻・腰折れ屋根の建物。これらに多く見られるトタン（亜鉛メッキ鋼板）葺き屋根は、防水性に加え落雪効果もあることから、ひと昔前まで道内の主流を担っていた。ところが、近年、特に道内都市部では、落雪行為はかえって事故や近隣トラブルの元になるとして、"北海道らしい屋根"は敬遠されるようになってしまった。

そんな今の主流はというと、屋根上で融雪・排水ができる平らな「無落雪屋根」（陸屋根）。材質は一見トタンのように見えるが、多くは「ガルバリウム鋼板」（アルミ・亜鉛合金メッキ鋼板）という、より耐食性のある新素材の金属だ。

では、都市部の対極にある「離島」の屋根事情はどうなのだろうか。焼尻島のお隣り・天売島を訪ねて、北の島の屋根をじっくり観察してみた。

島でまず出迎えてくれたのは、赤屋根の天売フェリーターミナル。一見すると陸屋根のように見えるが、横から見るとなだらかな勾配が。屋根材はガルバリウムのようだ。

フェリー発着港の隣りは漁港になっていて、その目の前に漁村集落がある。丘の上から、肩を寄せ合うようにして建つ民家の屋根屋根がよく見渡せた。赤・青・緑の急勾配。どうやら天売島には、北海道らしい屋根がまだ多く残っているらしい。

1.曹洞宗海龍寺。翡翠色の下見板外壁が印象的だ　2.落雪効果間違いなし。鋭い角度の切妻屋根　3.天売フェリーターミナル（2011年撮影）。以前はオロロン鳥（ウミガラス）のモニュメントが建っていたが、老朽化により撤去された　4.腰折れ屋根を２つに割ったような、シンメトリックな造りの建物群

建物を観察しながら、さらに島内へ歩を進めると、次第に、私のなかに或る驚きと興奮がフツフツとわき上がってきた。

天売島はいわゆる北海道らしい造りの建物が多いのである。それだけでなく、デザイン、屋根、色合いがすこぶる個性的で、実に印象的な建物に溢れているのだ。古民家、学校から寺院に至るまで、それぞれ唸るほどに味わいがあっ

て、観ているだけで楽しくなる。

「野鳥の楽園」として名高い天売島が、実は建築においても、まるで博物館のようにバラエティ豊かだったなんて。天売島へは再訪だったが、今回初めてその魅力に気づかされた。

「野鳥もイイですが、建物もイイですね」

「あら、そんな事おっしゃる方は初めてですよ」

散策中、住民女性とそんなやりとりも。話の

1.ワインレッドの洋瓦が目を引くモダンな民家。天売島では瓦屋根自体が珍しい　2.庇のかたちが印象的な民家。屋根は陸屋根と勾配屋根のミックス　3.変形型の天窓のような屋根を持つ民家　4.片流れ屋根の天売郵便局　5.シンプルだが、どこか可愛らしい2棟の民家。まるで兄弟のようだ

1.他と趣を異にする古民家。籠子下見板張り、漆喰の外壁、上げ下げ窓、張り出した屋根上の大棟。かつての地主か商家かと、様々な想像が膨らむ　2.島内に数少ない「無落雪屋根」の天売駐在所。まっ平らに見えるが、実は屋根上にあるわずかな傾斜と溝で排水を促す仕組みになっている　3.招き屋根、差し掛け屋根、煙突と一体化したベランダ。個性豊かな造りの民家　4.多角錐屋根を冠した「海の宇宙館」。自然写真家・寺沢孝毅氏が私財を投じて建てた島のビジターセンター。敷地内でキャンプもできる　5.ユニークな造りの島の理容店

ついでに冬の雪事情について尋ねてみると、年によって差はあるが、降る時は1mは積もるらしい。そして屋根上の雪は、今も昔と変わらず、当たり前のようにストンと家の横に落としているそうだ。

とはいえ、もちろん島内に新しい建物も散見される。どうやら、それらの屋根には2パターンあるようだ。ひとつは都市部と同じ平らな無落雪屋根。もうひとつは、屋根材にガルバリウムを用いつつ、デザインに趣向を凝らし、いかにも北海道らしい雰囲気を演出している屋根。

今後、天売島の屋根はどちらの道を歩んでゆくのだろうか。個人的には、ぜひとも今のような味のある競演を続けてほしいと願っている。

本村地区の旧家・小久保家
住宅。主屋のコーガ石葺き
屋根からの眺望

唯一無二の石造り集落

コーガ石建造物
東京都・新島

DATA

竣工　大正9(1920)年頃
構造　石屋根／寄棟造り
※小久保家住宅

本村地区の町並み。コーガ石造りの石塀や建造物が数多く見られる

世界に誇れる天然石の建物群

　新島の本村と若郷の2集落を歩いていると、住宅、石塀、倉、神社といった様々な建造物に、灰色がかった天然石材が多用されているのに気づく。この石は「コーガ石」（抗火石）という火成岩（マグマが冷却してできた岩石）の一種で、学術名を「黒雲母流紋岩」という。

　耐火、断熱、耐水性に優れ、軽くて丈夫。おまけに容易に切り出せることから、明治末・大正あたりから島内で盛んに建築材料として採掘され始めた。良質なコーガ石は水に浮くことから「かぶ石」（浮かぶ石）とも呼ばれた。

　建材としての需要のピークは、離島ブームのあった昭和40年代。コーガ石は山の表層に埋蔵するものほど軽くて良質であったため、上から順に掘り尽くされ、建材に使える石はほぼ枯渇

してしまったという。

　とはいえ、古い建物は少ないものの、コーガ石建造物それ自体は今も数多く島内に残されている。しかもいたって自然に集落景観に溶け込んでいるために、ついついそれらが新島特有の天然石であることを忘れてしまいがちだ。しかし、新島のコーガ石は、この島固有の世界的にも貴重な石。その石で築かれた新島の集落は、唯一無二の石造り集落といえるだろう。

　新島在住の植松正光さんは、新島村の教育委員会や産業観光課の職員として、長きにわたりコーガ石事業や石文化の保全に携わってきた人物だ。一度コーガ石についてお話を聞いてみたく連絡を取ると、

「それでしたら、島へ来る前に『新島抗火石建造物調査会』の石井さんにお会いすることをおすすめします。調査会は20数年前から新島でコーガ石に関する現地調査を行っている団体ですから」とアドバイスをくれた。

さっそく、代表の石井榮一さんに連絡を取ると、なんと住まいは私と同じさいたま市内だという。驚きの奇縁に感謝しつつ、自宅から自転車を漕いで石井さんを訪ねた。

石井さんはコーガ石に関する基礎知識や、島外在住者の目線だからこそわかる価値などを丁寧にレクチャーしてくれ、ぜひ現地で見て触れて、コーガ石の魅力を感じてほしいと、快く私を島へ送り出してくれた。後日、新島の植松さんに石井さんとお会いできたことを伝え、今度は飛行機に乗って、新島へ飛んだ。

1.特産品の新島ガラス。コーガ石は、組成の約8割がガラスの原料となるケイ酸。石事業が斜陽となった逆境のなかで生まれたのが新島ガラスだった　2.羽伏浦の白砂。コーガ石の溶岩と共に噴出した流紋岩質火砕岩が砕けて砂粒になった。ほぼ石英からなり、もはやガラス粒だ　3.向山にあるかつてのコーガ石採掘場　4.支えのない庇。コーガ石はセメントやモルタルと相性がいい。良質なコーガ石には気泡があり、その中に接着剤が浸透してがっちりと固まる　5.大正時代築の前田家住宅外便所。蒲鉾型ヴォールト屋根の縁にコーニス（突起部）を巡らせた総コーガ石造りの洋風建築。国登録有形文化財

土台から屋根まで総コーガ石造りの石倉。島では人目のある道路側の壁面をよりきれいに仕上げる習いがあるという

「石井さんから、植松さんに色々教わってください とアドバイスをいただきました」

「いやあ、こちらが調査会に色々助けてもらっていて、おんぶに抱っこなんですよ」

植松さんは謙遜しながらそう答え、さっそく行きましょうと、古いコーガ石の建物を案内してくれた。

「大きな石倉でしょう。コーガ石は漢字で『抗火石』と書くように、耐火性に優れています。昔の新島の民家は木造の茅葺き屋根で、何度も大火事に悩まされたとか。そこで防火のために石倉をつくって家財を守ったのです。昔はこうして西側に石倉を建て、西風も防いでいました」

「立派な石倉ですね。石葺き屋根の建築は、以前に長崎県の対馬で一度見たきりです」

「対馬の石屋根ですか、私も聞いたことがあります。ぜひ実物を見てみたいですね」

山形県鶴岡市出身の植松正光さんは、大学卒業後に新島出身の奥様と東京都内で出会い、その縁で新島へ移住し、村の職員となった。退職した今も、新島村文化財保護審議会の会長などを務め、多忙な日々を送っている。

「平安時代の初期、仁和2（886）年に、海底火山が爆発しました。この時に噴出したマグマがコーガ石の地層をつくり、現在の向山と本村地区の平野部をなしたといわれています。つまり、私と箭内さんは今、誕生してから1100年ちょっとしか経っていない新しい大地に立っているわけです」

なるほど、それで“新島”というわけか。

「植松さんはまるで郷土史家の先生ですね」

「そういえば中学生の頃、母親に学校の成績が良かったら『町史』を買ってほしいと頼んだことがありました。その頃から変わり者だったのかもしれませんね」。そう言って笑い、植松さ

んは次の建物へと車を走らせた。

本村の旧家・小久保家は、主屋の屋根までコーガ石造りの立派なお宅だった。お会いした小久保利佳さんは、新島村の議員も務める溌剌とした女性で、古いコーガ石の民家に暮らす思いを、住人目線で気さくに語ってくれた。
「このオーヤ（主屋）は大正時代に建てられたもので、もう100年以上経っています。屋根上の換気口、煙出っていうんですが、味があるでしょう？　実際に暮らしてみるとわかるんですが、室内は夏涼しくて冬は暖か。音も吸収する

し、タバコのヤニも吸います。あと、スゴイのが、クサヤを焼いても匂いが残らないんですよ」
ぜひ屋根をじっくり見てくださいという小久保さん。私が下からカメラを構えようとすると、「いえいえ、屋根に上がって結構ですよ。体力に自信がありそうな方には、そうお勧めしてるんです。もちろん、無理は禁物ですけど」
そう言って自ら手本を見せてくれ、私も後に続いた。コーガ石の屋根に立ってみると、石面は適度にザラつきがあり、全く滑らず、傾斜でも安定感があった。眼下に、本村の集落と太平洋に浮かぶ無人島の地内島が見えた。

1.小久保家住宅主屋。大正9(1920)年頃築の寄棟造り。コーガ石で葺かれた屋根は瓦状に加工されている　2.小久保家住宅主屋の煙出　3.植松正光さん。新島の歴史や地理にとても詳しい

キンデー釜屋形の内部。左に竈、奥の一段高い部分が風呂場になっている

1.総コーガ石造りの釜屋形外観。竈の煙を排出するパイプや正面庇の造形美が印象的だ　2.梅田久美さんがオーナーを務める宿Hostel NABLA。外観は白いモルタル調だが造りはコーガ石。こうした建物は島内に意外と多い

「キンデーのカマヤカタです」

　次にやって来た役場前の小さな建物を指して植松さんが言った。旧前田金左衛門家。キンデーという屋号だったらしい。どうやら今は空き家となっているようだ。

「島では、主屋と切り離して建てた竈と風呂専用の別棟を釜屋形と呼びます。これも大火の経験から生まれた知恵ですね。今ではほとんど見られない貴重な建物ですよ」

　一見、島内に数多くあるように見えるコーガ石建築も、暮らしの中から生まれた確かな歴史を持つ建物は、実はそう多くはないらしい。室内を覗いて見ると、かつてここで暮らした住民の声や息づかいが、コーガ石の壁や天井に沁み込んでいるように感じられた。

　この釜屋形を、どうにか後世へ残したいと願う女性がいる。島で事業を営む梅田久美さん。コーガ石を愛する有志のひとりだ。平成12（2000）年に発生した同じ伊豆諸島の三宅島噴火をきっかけに、島の成り立ちやコーガ石に強い関心を抱くようになったという。故郷に古い石文化があることはもちろん知っていた。が、改めて知識を得たことで、それらが掛けがえのない島の財産であることに気がついた。しかし——

「知らない間に、古いコーガ石の建物が、いとも簡単に取り壊されているのを見て愕然とした

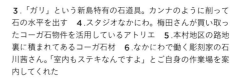

3.「ガリ」という新島特有の石道具。カンナのように削って石の水平を出す　4.スタジオなかにわ。梅田さんが買い取ったコーガ石物件を活用しているアトリエ　5.本村地区の路地裏に積まれてあるコーガ石材　6.なかにわで働く彫刻家の石川茜さん。「室内もステキなんですよ」とご自身の作業場を案内してくれた

んです。でも、守りたいと思っても他人の持ち物に口出しはできませんし……」

　梅田さんは、そんなジレンマを払拭するように一念発起。ご自身の会社で、空き家となった古いコーガ石建築を少しずつ買い取り、ゲストハウスやアトリエとして活用し始めた。

　梅田さんが買い取った屋敷のひとつが「スタジオなかにわ」という若いクリエーターの集うアトリエになっている。そこで働く石川茜さんは、Iターンで島へやって来た彫刻家だ。美術大学で石彫を学んだ茜さんにとって、石に囲まれた新島はステキな場所だった。

「あの通りにあるコーガ石の端材、ご覧になりました？　たくさん積んであるところ。あんなのとか、もうたまらないですよね」

　良質な建材はもう採掘できないとはいえ、コーガ石そのものや端材は島内にいくらでもある。しかも、自由自在に加工ができる夢のような石材。あれこれ創作意欲が湧いてきて、今後の作品づくりが楽しみで仕方ないという。

　茜さんがアトリエで開いている体験教室で、私もコーガ石の石彫に挑戦してみた。ガラス質の粉塵が目に入らぬようしっかりとゴーグルをし、ノコギリの歯を入れる。すると、驚くほど簡単に切ることができた。さらにヤスリをかけ

て角をとり、丸いコースターを作った。

　かつて新島には多くの石工がいただけでなく、住民によるセルフビルドが盛んに行われていたという。実際にコーガ石を加工してみて、その話に大いに頷ける気がした。

　コーガ石を軸として、実は多くの人が繋がり合っている新島。貴重な石文化の保護に向けて課題は多いかもしれないが、これからの新たな発展を大いに予感させる。

　令和5（2023）年11月、そんな新島に関する嬉しいニュースが飛び込んできた。あの小久保家主屋と旧前田金左衛門家（キンデー）釜屋形を含む5件のコーガ石建造物が、新たに国の有形文化財に登録された、と。

右／本村地区の古い石畳道。かつては多く見られたが今や貴重に。石塀ももちろんコーガ石だ　下／北の若郷地区にあるコーガ石造りの祠と石塀。若郷では代々、建材に本村の石を使い、塀には玄武岩が混じる硬質な若郷の石を用いてきたという

1. コーガ石を加工してダボ継ぎがなされた十三社神社の石垣。大火によって神社が現在の地に移転してきた江戸初期のものと推定される 2. 十三社神社の境内参道にある須賀神社。総コーガ石造りの社が神々しい 3. 本村の観音堂階段。段差に合わせて側壁が加工されている 4 5. 旧若郷郵便局とその室内。天井は色合いの異なるコーガ石で覆われ、大理石風の支柱が立つ洒落た造りだったらしい

1.コーガ石造りの墓が並ぶ流人墓地。ユニークな酒樽をかたどった墓に眠る流人はきっと大酒飲みだったのだろう　2.渋谷モヤイ像の作者・大後友市氏の屋敷庭に立つ女性像モンモと流人オンジィ像　3.サーフィンの聖地・羽伏浦海岸の南に連なる白ママ断崖。流紋岩質の白い世界が広がる

3

若郷漁港

若郷

宮塚山

新島

十三社神社

新島港

本村

羽伏浦海岸

新島ガラスアートセンター

新島空港

石山展望台

白ママ断崖

DATA

- 所在地：東京都新島村
- 面積：22.97㎢
- 周囲：41.6km
- 標高：432m（宮塚山）
- 人口：1,967人
- アクセス：【竹芝桟橋発】高速船で2時間20分／大型船で10時間35分。【下田港発】客船で2時間40分。【調布飛行場発】小型機で35分

約1100年前の火山噴火で形をなした新しい島。江戸時代は幕府の天領（直轄地）として塩を上納し、流刑地でもあった。大正12（1923）年新島本村と若郷村が発足。昭和29（1954）年若郷村が編入され、平成4（1992）年新島村に改称。昭和初期に「新島温泉ホテル」が開業し"常春の楽土"と謳って集客した歴史を持つ。今も温泉やサーフィンを主な資源とする観光の島。

伊豆半島

離島の石造り建築

ロース記念館。もとは異なる屋根だったが、移築復元を機に、昔の島内民家に普及していたシュロッ葉葺き屋根に葺き替えられた

離島で産出される、特有の石材。その石材で造られた建築物は、やはり産地である島の景観によく馴染む。とりわけ石造りの建築物は頑丈で壊れにくいために、じわじわと味のある風化を経ながら、長きにわたって、その島の個性を主張し続ける。そんな離島のシンボリックな石造り建築をご紹介したい。

東京から南へはるか約1000km。小笠原諸島の母島に、耳慣れぬ名の石材がある。ロース石。かつて母島でのみ採石されていた、淡い褐色の凝灰岩（ぎょうかいがん）の一種だ。耐火性に優れ、加工しやすいことから、戦前まで倉庫・井戸枠・護岸石・墓標等の建材として、また、竈（かまど）・流し・火鉢・石うすなどの生活用具に利用されてきた。

ロース石という名称は、明治2（1869）年に母島へ来島し、生涯を母島で過ごしたドイツ人捕鯨船員フレデリック・ロルフス（1823～1898）に由来する。彼が母島を開拓する中で発見し、石材として用いた石を島民がロース石と呼ぶようになり、島内で普及していったという。

母島の沖村集落に建つ、ロース石で築かれた郷土資料館「ロース記念館」は、もとは大正2（1913）年築の古い砂糖倉庫だ。それを昭和60（1985）年に港の前から現在の集落内へと移築復元し、昭和62（1987）年に郷土資料館としてオープンした。

ロース記念館は、褐色のロース石とシュロッ葉葺き（オガサワラビロウ葺き）の屋根が周囲の景観とよく馴染み、いかにも南国の母島らしい個性を放っている。記念館の建つ場所は集落の外れにあたり、目の前にはかつてのロース石採石場がある。

1.記念館前のロース石採石場跡　2.ロース記念
館の展示品。火消つぼ、火鉢、エサ箱など、様々
なロース石製生活用具が並ぶ。館内ではタコノキ
細工の制作体験など、ちょっとしたアクティビテ
ィも楽しめる。入場無料　3.記念館敷地内、タ
コノキの前に立つフレデリック・ロルフスの胸像。
彼は日本が小笠原諸島を領有した後に帰化し、
「良志羅留普」（ロルフス・ラルフ）と改名した

建物正面と側面に大きなアーチ
扉があり、小さなアーチ窓には
鉄格子が。意匠の凝らされた立
派な造りから、砂糖が当時の貴
重品であったことがうかがえる

椎根の石屋根倉庫。古くから、この様式の倉庫が穀物や生活用具の保管庫として用いられてきた

海峡を隔て、約50km先の隣国・韓国と接する長崎県対馬島は、どことなく異文化の香りが漂う国境の島だ。島の大部分が急峻な山地からなり、良質な石が豊富に採れることから、古来、石材を様々な建材に利用する石文化が発達してきた。

島南西部の厳原町椎根地区には、珍しい石屋根の倉庫が残されている。椎材や松材からなる木造高床式倉庫の上に、長い板状の石を幾重にも重ねて屋根を葺くという、国内では他に類を見ない建築物だ。

屋根石には、対馬島に隣接する島山島産の良質な泥板岩「島山石」が用いられている。かつては集落に建つ倉庫のほとんどが石屋根だったというが、時代とともに瓦葺きへと変わり、現在、昔の様式を残す石屋根倉庫は数棟を残すのみとなっている。

対馬島中央部の峰町木坂区の西海岸には「藻小屋」と呼ばれる個性的な納屋が残されている。骨組みこそ木造だが、四方を大胆に大小の石積みでぐるりと囲み、屋根だけを赤瓦で葺いている珍しい造りの石造納屋。不規則な手積み具合がかえって何ともいえぬ味わいを醸しており、やはり朝鮮や中国の影響を受けた建築様式かと想像も膨らむ。

藻小屋という呼び名は文字通り、海の藻に由来する。かつてはこの納屋で、麦の肥料を作るための藻切り作業を行い、その藻を貯蔵し、時には小舟を格納するなど、漁仕事の中で有効活用していたという。現在はどうなっているのかと興味津々で足を踏み入れてみると、がらんとした室内にポツンと古びた漁具が置かれていた。

対馬産の石英斑岩がふんだんに
使われている厳原の武家屋敷

椎根の石屋根倉庫の屋根材は島山石。柱に
は堅い椎材や樫材が。壁・床・天上には松
材が使われている

木坂の藻小屋。どことなく異国の風
情が漂う。写真右は藻小屋の室内

池田の桟敷（香川県小豆島）

住民が島の秋祭り「亀山八幡宮祭礼」を
観覧するために江戸後期に築かれたとさ
れる島内産・花崗岩製の桟敷。もちろん
今も現役。古代ギリシャの円形劇場を彷
彿とさせる。国指定重要有形民俗文化財

頭ヶ島天主堂（長崎県頭ヶ島）

教会対岸のロクロ島と島内の採石場から切り出した砂岩を積み
上げ、信徒が10年かけて築いた石造教会。大正8（1919）年竣工。
写真右は、「四九五」と彫られた外壁の石材。これは四尺九寸
五分のサイズを表しているという。世界文化遺産

**旧波節岩灯標脂油庫
（香川県広島）**

かつて波節岩灯標（灯台）の燃料
を貯蔵していた花崗岩造りの石
蔵。明治28（1895）年竣工

尾上邸（香川県広島）

江戸末期の廻船問屋・尾上家の豪邸。家屋は総ケヤキ造り。石垣に島内産の高級石材「青木石」（花崗岩）を用い、石材を密着させた「切込み接ぎ」と弧を描く「扇の勾配」による工法はまるで大名の城郭のよう

旧海軍兵学校・大講堂（広島県江田島）

大正6（1917）年築。建坪約500坪、収容人数約2000人を誇る。石材に近隣の島々から産出された良質な御影石（花崗岩）が使われている

島の暮らしに欠かせない建物
〜港待合所・商店・郵便局〜

ど んなに小さな有人島でも、必ず存在する
のが港だ。多くの場合、規模・形は様々
ながらも待合所があり、島の暮らしに不可欠な
施設として機能している。旅人からすれば、島
で最初に接するランドマークともいえるだろう。
　郵便局も暮らしに欠かせない施設のひとつだ。
唯一の公共機関が郵便局という島も割とあり、

なかには驚くような立地にある局舎や、島の特
徴をデザイン化した局舎もあって興味深い。
　レトロな風情を残す商店や購買所に出合える
のも「離島建物めぐり」の面白いところ。しか
し近年、閉店や廃業が目立つようになり、古く
て味のあるお店に出合った時には、迷わずカメ
ラのシャッターを切るようにしている。

1

1．粟国港船客待合所は沖縄らしいRC造の2階建て。外壁のブルーが粟国島の豊かな自然と調和して清々しい　2．山口県端島。小さな渡船待合所の窓外に、青い湾と島内最高峰の見壁山(128m)が。ちょっとした一幅の絵画のようだ　3．絶海の孤島、東京都の青ヶ島。断崖に囲まれた島には船を接岸できる海岸がないため、崖をコンクリートで徹底的に固めて要塞のように堅固な三宝港を築いた。中央の白い建物が待合所　4．沖縄県伊平屋島の伊平屋村ポートターミナル。観光案内所、土産物店、食堂などが併設された大型の待合所

1.広島県大崎下島の資誠堂薬局。古い木造建築と、新旧のディスプレイ、看板、ポスターなどのコラボレーション。立ち止まって眺めているだけでワクワクしてくる　2.佐賀県唐津市の神集島。食料品や雑貨が揃う購買所は港のすぐ近くにあってとても便利（2012年撮影）。同居の簡易郵便局は、後に新局舎へ移転した

3.沖縄県石垣島北部・平久保半島のつけ根にあたる伊野田地区に、かつてあった古い共同売店。現在は別店舗の第二売店が後を継いでいる。写真に残しておいてよかったと感じる建物のひとつだ　4.郵便マークが刻印された大分県旧姫島郵便局の鬼瓦　5.代々姫島の庄屋を務めた古庄家屋敷(P72参照)の長屋門に併設された旧姫島郵便局。今も品格ある姿で佇んでいる。明治37(1904)年竣工・開局

4

POST OFFICE HIMESHIMA
姫島郵便局

1.宮城県の旧網地島郵便局。天然石のような外壁がなんともいえぬ味わいを醸し出している。これはモルタル（セメント・水・砂等の細骨材を混ぜて練ったもの）が硬化する前に水洗いをして石の風合いを出す「人造石洗い出し仕上げ」という左官技法によるもの（2012年撮影）　2.磨りガラスに描かれた「網地島郵便局」の文字。よく見ると、もとは金文字だったらしい。モルタル外壁と金文字の組み合わせは、大正末期から昭和初期の建築に好まれたデザインだ　3.海を背にして建つ徳島県の出羽島簡易郵便局

4.久高島簡易郵便局。南国沖縄の風情に加え、簡素な佇まいがかえって味を感じさせる　5.令和元(2019)年11月に廃止となった宮城県の田代島簡易郵便局。根強い人気を誇る元祖ネコ島。現在この建物は土産物店になっている　6.高知県沖の島。急斜面に家々が密集する集落の谷筋にある母島郵便局。沖の島はかつて母島地区が伊予、弘瀬地区が土佐だった。島内領地が二分されていた稀有な歴史を持つ

DATA

竣工　昭和6（1931）年頃

構造　木造／鉄筋コンクリート造3階建て瓦葺き
　　　（1階が鉄筋コンクリート造、2・3階が木造）

祝福された洋館

いんのしまペンション白滝山荘 (旧ファーナム邸)
広島県・因島

「白滝山荘」(旧ファーナム邸)。
P.62左下の古写真とほぼ同ア
ングルから2023年に撮影した

縁と縁で結ばれた、旧宣教師住宅

　春になると、その建物は満開の桜に包まれる。心惹かれるが、建築の全容は見えづらいという。

「冬であれば、葉が落ちる分、建物が見えやすいかもしれませんね」

　宿のかたからそう聞いて、桜咲く前の初春に、瀬戸内海の因島を訪ねた。

　尾道から車で「しまなみ海道」を渡り、因島北西部の港町・重井へ。目的の建物、「いんのしまペンション白滝山荘」に到着し、さっそく建物を眺めた。乳白色と赤を基調とした外観、急勾配の屋根、そこに設けられたドーマー窓、そして、ハーフティンバー様式の赤い梁が印象的だ。瀬戸内海の島に残る、貴重な「ヴォーリズ建築」の洋館。一般のペンションでありなが

ら、国指定の登録有形文化財でもある。そんな建物に宿泊しつつ、名建築の細部までを味わおうという企み。もちろん、評判のお料理も。期待に胸が高鳴るが、チェックインまでまだ時間がある。山荘の上にそびえる白滝山の登山口はすぐそこだ。まずは、山登りといくか。

　古の修験場と伝わる山道を、多島美に励まされながら登る。山頂近くに出ると、村上海賊の見張所が由来と伝わる観音堂が立っていた。さらに歩を進めると、頂に向かう斜面に無数の石仏群が。整然と立ち並ぶそのおびただしい数に、思わず息を飲んだ。そう、この白滝山は古くから信仰を集める霊山なのだ。江戸文政の頃には、

重井の豪商・柏原伝六が「一観教」なる新宗教
の浄土づくりを目指し、この700体にも及ぶ
五百羅漢を山頂に安置した。しかし結局、豪商
のユートピア構想は頓挫し、夢と消えたという。

　それにしても、なぜ、"かの先生"はこの白滝
山の麓をキリスト教伝道の拠点に選び、あの洋
館を建てたのか？　船上から眺めた因島のこの
地に、インスピレーションを得たという逸話も
聞く。が、もしかしたら、江戸時代のユートピ
ア構想をどこかで耳にしたのではなかったろう
か……。今から90年以上前、後の白滝山荘とな
る洋館を建てた、アメリカ人宣教師ファーナム
先生は——。

1.草花萌える前の山荘風景。建物を愛でるのに初春は最
適な季節だ　2.滑らかな曲線を描く客室内の内壁。左右
はクローゼット。窓外には瀬戸内の島風景が広がる　3.3
階の階段吹き抜け部分にある和風の丸窓。ツルの絡まる竹
格子が斜めに嵌め込まれている　4.実用的で使う者に配
慮した心くばりがヴォーリズ建築の特徴のひとつ。丸みを
帯びた柱や階段の角に、優しさを感じる　5.厨房・食堂
間の壁にある造り付けの木製食器棚。花瓶の右にあるハッ
チを開けて、スムーズに料理を提供できる仕組み

レンガの階段を上がり、2階に
設けられた玄関へ。ハーフティ
ンバー調の梁で化粧された3階
出窓が大胆に張り出し、そのま
ま玄関屋根となっている

時は昭和の初め頃。「American Baptist Missionary Union」（アメリカン・バプテスト宣教師同盟）から日本へ派遣された、アメリカ・ポートランド出身のマーレン D.ファーナム牧師は、因島の白滝山麓に、瀬戸内海におけるキリスト教バプテスト派伝道活動の拠点となるミッションハウス（宣教師住宅）を建て、妻と3人の子どもたちと共に暮らした。日本人牧師や島の住民たちと良好な関係を築き「ファーナム先生」と呼ばれ、親しまれたという。

邸宅の設計・建設を手掛けたのは、東京山の上ホテルや神戸女学院など数々の名建築を残したアメリカ人建築家ウィリアム・メレル・ヴォーリズ（1880〜1964）だった。個性的かつ、使う人に寄り添う温かみのある「ヴォーリズ建築」は、今なお高い人気と尊敬を集める。とはいえ、当時の白滝山の麓は、ただ広々とした田畑が広がるばかり。その高台にポツンと立つ瀟洒なヴォーリズ建築の洋館は、それはそれは目立つ存在だったらしい。

ファーナム先生は、バプテスト派が明治半ばから瀬戸内海で行っていた伝道船「福音丸」による活動の終了に伴い、宣教師が島嶼部に居住しながら伝道を行う新方針の最初の赴任者だった。島内の重井、土生、三庄のほかに、周防大島の安下庄、大三島の宮浦、小豆島の土庄の教会などで精力的に集会を行い、神の教えを説いてまわったという。

昭和6（1931）年から昭和13（1938）年にかけて因島で暮らしたファーナム先生だったが、日米開戦によって一家は帰国を余儀なくされる。戦後、邸宅は日立造船の所有となり、宿舎や集会所などに用いられ、その後、借り手が何度か替わり、空き家になると、忘れ去られたように荒れてしまった——。

1.心安らぐ温もりを感じる、シンプルで清潔感のある客室　2.白滝山荘は木造・一部鉄筋コンクリート造の3階建て。1階に倉庫、旧使用人室だった和室など。2階に玄関、食堂、厨房、風呂場など。客室は眺めの良い3階にある　3.味わいのある客室のドアノブ　4.3階トイレの洗面所。今はもう使用できないが、蛇口や洗面台が昔のままの状態で保存されている

時は下って、昭和61（1986）年頃。因島出身の料理人・矢田部健二さんは、故郷へのUターンを考えていた。大阪で料理人として腕を磨いて10年、そろそろ独立する年齢を迎える。因島市役所に勤務する父の文武（ふみたけ）さんも、ちょうど早期退職を考えていた。親子で自然とタイミングが合い、「家族で何かをやってみよう」そんな話になった。

この時ふと、「あの建物は今頃どうなっているかしら？」と、白滝山の麓に建つ古い洋館を懐かしく思い出したのが、母のマツ子さんだった。

マツ子さんは若い頃、島内出身の伝道師・岡野髙盛先生の説教に感動し、心を救われ、バプテストのクリスチャンとなった。三庄の伝道所で聞いた心に沁み入るような説教は、今も忘れられない。戦前、その岡野先生が師事していたのが、ファーナム先生だった。そして、戦後すぐにファーナム先生が因島を再訪した折、マツ子さんは岡野先生と共に洋館へ招かれ、彼女いわく「夢のような時間」を過ごした。

「ファーナム先生は、それはもう優しくて、いい先生でね。海の見えるきれいなお屋敷で、銀飯（白飯）の上にピカピカした黄色の乾燥玉子がいっぱいのったご飯を、お腹いっぱいごちそうになったっけ」

健二さんと父・文武さんは母の話に興味を抱き、洋館について問合せてみることに。すると今は空き家だと聞き、さっそく見に出かけた。
「荒れとるけど、いいところじゃのう」

父子はそんな感想を抱いた。母のマツ子さんには、室内の壁の美しい曲線や木の温もりが懐かしかった。かつてこの島に、たくさんのことを授けてくださったファーナム先生。その魂を、この建物が記憶しているように思われた。
「これもご縁に違いない——」。3人はそう感じて、洋館を借りることにした。

商売は因島初のペンション経営に決まった。荒れた空き家の改装は大仕事だったが、なんとか父の退職日1987（昭和62）年3月31日に合わせて、オープンへとこぎつけた。宿の名は「いんのしまペンション白滝山荘」と名付けた。

派手な宣伝はしなくていい。部屋数も4部屋しかない。でも、料理には自信がある。ヴォーリズ建築の温もりと、自慢のお料理を、お客様

1.先生一家が去った約10年後、昭和23（1948）年頃の旧ファーナム邸。ガラス窓がなく荒れているようにも見えるが、屋敷を覆うツタは先生の滞在時からあったらしい　2.ファーナム先生や昔の思い出を懐かし気に語ってくれた母・マツ子さん　3.ファーナム先生一家と日本人のお手伝いさんを映した一コマ。次女ご夫婦来日の際、先生が日本滞在時に記録していた貴重な8mmフィルムをDVDに保存し山荘に寄贈してくれた。映像は白滝山荘HPから閲覧可能

1人ひとりにじっくり堪能してもらえたら。とはいえ、手探りでの船出。お客が来なかったらどうしようか……。そんな健二さんの不安を払拭してくれたのが、母のマツ子さんだった。

「ここはたくさんの人から祈られ、祝福された場所だから、必ず人は集まって来る！　母がそう言うてね」

健二さんがしんみりと語る。

「オープン初日から泊まり客があったのは嬉しかったですねぇ。思えば、これまで縁によって縁が生まれてね」

こんな出来事もあった。

「ファーナム先生の次女のヒルダさんと旦那さんが、ご夫婦揃ってわざわざアメリカから訪ねてくれたんですよ。昔の家がペンションになっとると聞いて。日本のことは良い思い出としてずっと心に残っとったそうです」

祝福された建築は、幸運に巡り合う運命なのかもしれない。

4.元の地形をいかすのもヴォーリズ建築の特徴だ。山荘は山の斜面に立つため玄関は2階に。レンガ塀は階段状に　5.かつてファーナム先生は、海上から望む因島・重井の地に惹かれたとか。夕暮れ時の白滝山の上空に、ぽっかりと満月が浮かんでいた

2階のダイニング。大きな上げ下げ窓からたっぷりと瀬戸内の光が差し込み室内を明るく照らす。出窓は上品な木製ベンチを兼ねる。山荘では要予約で食事や会食も楽しめる

　矢田部さん一家は洋館を2年ほど借り、その後購入した。ペンション開業から5年後には、健二さんのもとに伸美さんが嫁いできた。気さくな接客でもてなしてくれる伸美さんに、素敵な洋館がご自宅で羨ましいですねと尋ねると、
「ペンションはお客様の場なので、自宅という感覚はあまりないんですよ。住まいと繋がってはいますが、ここから先はお店、という感覚ですかね。ぜひ、ゆっくり寛いでくださいね」
　それにしても、初めて泊まる宿、部屋なのに、なんて居心地が良いのだろう。これもヴォーリズ建築の賜物だろうか。温もりのある、優しい空間に包まれている安心感、とでも言おうか。

霊感など全く無い自分でも、何ともいえぬ居心地の良い"気"を感じるのだ。
「ここは、たくさんの人から祈られ、祝福された場所だから──」
　夕べ、健二さんから聞いた母・マツ子さんの言葉が思い出される。そういえば、奥さんの伸美さんも興味深いことを言っていた。
「こんなこと言うのも恥ずかしいのですが、あまり遠出をしたいと思わないんですよ。やっぱり、ここの居心地が良いんですかね、フフフ」
　結局私は、二日間だけでは去りがたく、心地良い"気"に包まれながら、もう一日延泊した。

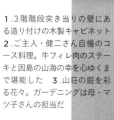

1.3階階段突き当りの壁にある造り付けの木製キャビネット
2.ご主人・健二さん自慢のコース料理。牛フィレ肉のステーキと因島の山海の幸を心ゆくまで堪能した　3.山荘の庭を彩る花々。ガーデニングは母・マツ子さんの担当だ

1

2

1.令和3年に亡くなった父・文武さんの分まで、張り切って白滝山荘を切り盛りしている矢田部さんご一家。右から長女の怜奈さん、ご主人の健二さん、母のマツ子さん、奥さんの伸美さん、長男の宗幸さん　2.ヴォーリズが暮らした滋賀県近江八幡市に建つ「ヴォーリズ記念病院・旧本館」（ツッカーハウス）。大正7（1918）年竣工。国登録有形文化財。彼の代表的建築のひとつ　3.古くからの霊山・白滝山頂からの眺望。五百羅漢のもと、眼下に瀬戸内の海景が広がる

3

ISLAND INFO │ 因島 │

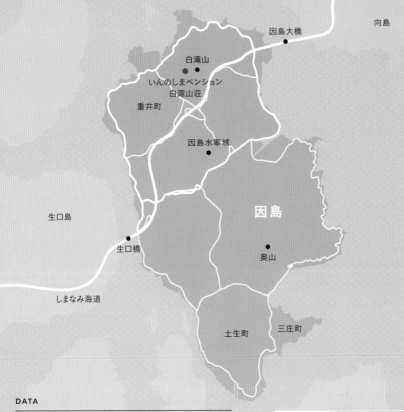

向島

因島大橋

白滝山

いんのしまペンション
白滝山荘

重井町

因島水軍城

生口島

生口橋

因島

奥山

しまなみ海道

土生町

三庄町

DATA

- ●所在地：広島県尾道市
- ●面積：35.04㎢
- ●周囲：31.9km
- ●標高：390m（奥山）
- ●人口：20,435人
- ●アクセス：架橋島。本土方面／今治方面から船、車、自転車等で島へ。＊詳細は因島観光協会のサイト（https://kanko-innoshima.jp/access）

広島県

平安から鎌倉時代にかけて公家や寺領の荘園となり、南北朝から戦国時代にかけて因島村上氏の支配下に。江戸時代は広島藩領となった。明治以降、土生・三庄・三浦・田熊・中庄・大浜・重井の各村に分かれ、その後も分割編入を経て1953（昭和28）年に因島市に。2006（平成18）年に尾道市となった。古くは製塩、現在は造船と柑橘の島として知られる。

建築から知る瀬戸内の歴史

「**舟**に乗るより潮に乗れ」。戦国の世に、生業（なりわい）の場たる瀬戸内海を縦横無尽に駆け抜けた「村上海賊」の言葉だという。

内海特有の渦を巻くような難所が無数にある瀬戸内海。潮の流れを知ればこそ、この海は大陸や西国と京阪神を結ぶ海の大動脈となり得る。それは現在も変わらない。

昔は今以上に船が交通の要であり、その海路要衝たる瀬戸内海の島々は、各国の人々や様々な文物が行き交う、当時最先端の地でもあった。時に西国大名の「参勤交代」や外交使節団「朝鮮通信使」が列をなして訪れ、積み荷であふれた北前船が寄港し、風待ち・潮待ちの港として栄えた。発展した港町には文化が生まれ、歴史が紡がれた。そしてそこには、多種多様な建築物があった。

今もひっそりと残る波止（はと）、役所、住居、宿、遊廓跡など古の建物の数々が、往時の瀬戸内海の繁栄と活気を、そっと教えてくれる。

福島雁木（がんぎ）と三之瀬御本陣芸術文化館（しものかまがりじま）（広島県下蒲刈島）

広島藩の重要港だった下蒲刈島の三之瀬。江戸初期に藩主・福島正則の命で築かれた雁木（階段状の船着場）は「朝鮮通信使」の上陸にも使われた。文化館の外観は当時の「本陣」を再現している

塩飽勤番所（香川県本島）

寛政10（1798）年築。造船・操船に長けた塩飽衆を輩出
した塩飽諸島は、秀吉以来、大名に対して「人名」と呼
ばれた船方衆が自治権を与えられた地域で、4人の人名
代表者「年寄」が本島で政務を執った。昭和52（1977）
年に大規模な改修が行われ、幕末頃の姿に復元された

笠島まち並保存地区（香川県本島）

本島の笠島地区は塩飽衆の本拠地だった港町。船
大工の技巧がいかんなく発揮された江戸から昭和
にかけての木造建築群が美しい。国選定重要伝統
的建造物群保存地区

千砂子波止と御手洗の町並み（広島県大崎下島）

江戸初期の「西廻り航路」開発により、風待ち港から商業都市へと発展を遂げた御手洗。橋で繋がる対岸の岡村島まで足を運ぶと、西国一と謳われた千砂子波止と御手洗の町並みがよく見える。国選定重要伝統的建造物群保存地区

若胡子屋跡（広島県大崎下島）

享保9（1724）年に建てられた御手洗最初の茶屋跡。全盛期には100人の遊女を抱えたという。御手洗の遊女たちは「おちょろ舟」（お女郎舟）と呼ばれる小舟に乗って船乗りに声をかけたとか

木江の町並み（広島県大崎上島）

かつて風待ちの港として栄えた木江。ノスタルジックな古い通りには、今も木造3階建ての建物が軒を連ねる

木江の古民家（広島県大崎上島）

以前は洋品店だったという古民家。重厚な下見板の外壁や磨りガラスが渋い味わいを醸している。令和4（2022）年に一部改築され、趣あるカフェがオープンした

久賀の石風呂（山口県屋代島）

火を焚いて熱した石室内に海水をかけた海藻を敷いて湯気で満たし、蒸気浴を行う蒸風呂。西日本最古の石風呂といわれ、萩藩政時代には入浴料に税が掛けられていた。一度に17人が入ったという

六角大井戸（岡山県大多府島）

元禄11（1698）年の大多府港開港にあわせて掘られ、閑谷学校を手掛けた岡山藩重臣・津田永忠によって構築された堅固な大井戸。大多府港は廻船や参勤交代の寄港地として賑わい、この大井戸から諸国の船に飲料水を供給した

藤田・西﨑の波止（山口県牛島）

明治期の石積み防波堤。左は父・西﨑新左衛門が築き（明治20年）、右は息子・藤田新治郎が築いた（同26年）。西﨑の波止は今も渡船乗り場として利用されている。当時の牛島は打瀬網漁が盛んで遠く大陸沿岸まで出漁していたという。土木学会「選奨土木遺産」、国交省「島の宝100景」などに選ばれている

古庄家屋敷（大分県姫島）

江戸時代に、約250年にわたって島を治めた庄屋・古庄家の第11代古庄逸翁が天保13（1842）年に築いた屋敷。木造2階建て寄棟造り・一部書院造り。「御成りの間」は杵築藩藩主を迎えるために設えた。かつて製塩が盛んだった姫島。逸翁は生涯を塩田開発に捧げた人物だった

福永家住宅（徳島県高島）

江戸後期に建造された製塩業の民家。鹹水溜や釜屋などの製塩施設に住居部分が併設され、塀の外に入浜塩田（潮の干満を利用して海水を引き入れる塩田）の跡が残る貴重な施設。古来、製塩が盛んな瀬戸内海にあって、鳴門の塩は今なお世に名高い。国指定重要文化財

マルキン醤油発酵蔵（香川県小豆島）

木造平屋建て土蔵造の天然醸造蔵。マルキン醤油創業（明治40年）以来の現役施設。道路に面して延々と続く焼杉板の外壁はなんとも風情がある。古い醤油蔵が軒を連ねる苗羽地区は「醤の郷」と呼ばれている。国指定登録有形文化財

古い屋根看板が目印のマルキン醤油売店。ここで名物の醤油ソフトクリームを味わえる

「醤の郷」で目にする杉製の巨大な醤油樽。小豆島で醤油造りが始まったのは太閤秀吉の頃。大坂城築城の採石に来島した大名たちが持参した紀州・湯浅産の醤がきっかけと伝わる。古くから島で作られていた塩と、諸国からもたらされた大豆・小麦が結びつき、小豆島は醤油の名産地となった

長崎・天草の個性的な教会建築

宝亀教会（長崎県平戸島）
設計：不詳／明治31（1898）年竣工
南国の雰囲気を漂わせるエキゾチックな
木造聖堂。ファサード（建物正面）のみ煉
瓦造。マタラ神父指導のもと、宇久島出
身の大工・柄本庄一によって建てられた

　平成30（2018）年、「長崎と天草地方の潜伏キリシタン関連遺産」がユネスコ世界文化遺産に登録された。これらの遺産の中には、豊臣秀吉政権以来、約300年にも及ぶ長いキリスト教禁制下にありながら、揺るぎない信仰を密かに守り続けてきた離島集落の教会が多数含まれている。潜伏キリシタンにとって、海を隔てた離島という環境は、わずかな心の安らぎを得られる稀少な土地だったのかもしれない。

　明治政府がキリシタン禁制の高札を撤去した明治6（1873）年以降、各地離島の潜伏キリシタン集落では、堰を切ったように教会堂の建設が相次いだ。その頃に活躍したのが、フランス人のペルー神父から教会建築を学んだ中通島出身の鉄川与助（宮大工棟梁・建築家）だ。彼は多くの個性的な教会を残し、生涯で50棟もの教会建設に携わった。そんな鉄川建築も含めた、印象的な長崎・天草の教会群をご紹介したい。

宝亀教会のアーケード

聖堂両側面のコロニアル風アーケードが特徴的。平成12 (2000) 年に改修されたが、薔薇窓や側面窓のステンドグラスは建設当初のまま。写真上は教会の内観

黒島天主堂 (長崎県黒島)
設計：マルマン神父／明治35 (1902) 年竣工

堂々たるロマネスク風煉瓦造の瓦葺き聖堂。一部木造。煉瓦総数40万個、基礎に黒島産御影石を使用。ピナクル (小尖塔装飾) を頂いた四角い鐘楼が建物に凛々しさを加えている。写真右は天主堂後方にある半円形の外壁。世界文化遺産

旧五輪教会（長崎県五島列島久賀島）
設計：不詳／明治14（1881）年竣工

今も車道が通じていない漁村集落・五輪に建つ五島最古の
教会堂。もとは明治14年築の旧浜脇教会堂。昭和6（1931）
年に五輪に移築され、以来50年以上信徒に愛されてきた。
今は隣接する新聖堂が祈りの場。世界文化遺産

旧五輪教会の祭壇。外観は純和風だが、
内観は蝙蝠が羽を広げたようなリブ・ヴ
ォールト天井やゴシック風の祭壇を持つ。
かつて貼り絵を2重ガラスで挟む形式の
珍しいステンドグラスが窓を飾っていた

上／旧野首教会内、6花弁の花とアカンサス（ハアザミ）の柱頭。アカンサスはヨーロッパの古い代表的装飾モチーフ　右／堂内の鮮やかなステンドグラス

旧野首教会（長崎県五島列島野崎島）
設計・施工：鉄川与助／明治41（1908）年竣工

かつて潜伏キリシタンが拓いた旧野首集落に建つ、鉄川与助初の煉瓦造教会。世界文化遺産。ファサードのピナクル(小尖塔)、城壁櫓を模した装飾、堂内の柱頭などに強いヨーロッパ的趣向がうかがえる。野崎島は昭和46(1971)年の廃村を経て、一時無人島に。今は廃校利用の研修施設に管理人が常駐している

江上天主堂
（長崎県五島列島奈留島）
設計・施工：鉄川与助／
大正7（1918）年竣工

明治14（1881）年に洗礼を受けた
江上集落の潜伏キリシタンに由来
する教会。林間に佇む小教会なが
ら、再建を手掛けた鉄川与助によ
る技と意匠が存分に発揮され、彼
の代表作のひとつに数えられてい
る。世界文化遺産

江上天主堂内観。小規模ながら、
漆喰によるリブ・ヴォールト天井、
壁面上部に疑似トリフォリウムを
持ち、三廊式（中央の礼拝空間と
両側の側廊からなる）の本格的な
木造教会建築として評価が高い

﨑津天主堂（熊本県天草下島）
設計：鉄川与助／昭和9（1934）年竣工

天草、﨑津集落の朝景。ゴシック風木造の﨑津天主堂は、フランス人宣教師ハルブ神父の尽力により再建された。潜伏キリシタンの歴史を語る﨑津の漁村集落全体が世界文化遺産に登録されている

頭ヶ島天主堂（長崎県五島列島頭ヶ島）
設計・施工：鉄川与助／大正8（1919）年竣工

地場産砂岩で築かれた珍しい石造教会。世界文化遺産。教会内
部はトラス屋根の一種であるハンマービーム構造により、柱の
ない広い空間がつくり出されている。これは堅牢な石造りゆえ
に可能な工法で、挑戦的ともいえる鉄川建築の多様さを如実に
表している。写真右下は、堂内の白椿レリーフ。白椿といえば、
「マリア十五玄義図」のマリアが手にする花。五島の名産でも
ある「椿」は、日本キリスト教にとって重要な、聖なる花とい
えるのかもしれない

中ノ浦教会
(長崎県五島列島中通島)
設計：不詳／大正14 (1925) 年竣工

折上げ式天井の身廊(中央の礼拝空間)、
椿の花のような装飾、リブ・ヴォールト
式の祭壇。彩色豊かで印象的な堂内は、
一度見たら忘れられない

中通島の入江に建つ中ノ浦教会は、
重層の瓦屋根、増築された鐘楼を持
つ、白亜の美しい木造教会だ。廃村
により朽ち果てた久賀島・細石流教
会を手本にしたといわれる

世界へ船乗りを送り出した
海員学校

粟島海洋記念館（旧国立粟島海員学校）
香川県・粟島

DATA

| 竣工 | 大正9（1920）年 |
| 構造 | 木造平屋および2階建て |

粟島港の近くに建つ旧国立粟島海員学校

島のシンボル、旧粟島海員学校本館。地場産花崗岩でつくられた門柱（写真下部）も国登録有形文化財だ

清々しい青緑色の木造洋風建築

「船乗りの島ですからね」

香川県粟島を再訪する旅で出会った松岡恒和さんは、私がかつて心惹かれた建物を讃えた言葉への返答に、開口一番、そう答えた。自信に満ち溢れた言葉だったが、聞いていて心地の良い潔さ、自然さがあった。それもそのはず。なぜなら、松岡さん自身が「旧国立粟島海員学校」の卒業生であり、世界を股にかけて活躍した船乗りだったのだから。

国立粟島海員学校は、明治30（1897）年に開校した日本初の海員養成学校だった。創立時の名称を「粟島村立粟島航海学校」といい、後に郡立、県立の変遷を経て、昭和15（1940）年に「官立粟島商船学校」となった。当時は厳しい教育で知られたものの、卒業生はみな優秀で、就職時には引く手あまたであったという。だが終戦後、不運にも、本館正面にあった飾り物の大砲や倉庫の擬銃を視察に来た米軍に見咎められ、旧海軍施設の疑いありと、昭和21（1946）年に廃校へと追い込まれてしまった。

しかし、すぐに宮崎市の国立海員養成所を当地へ移転し、船員育成機関としての機能を回復。翌年に「国立粟島海員養成所」を開設し、その後、「海員学校」と改称して以降、昭和62（1987）年の廃校まで、90年にわたり、国内外の海へ船乗りを輩出し続けた。

現在の「粟島海洋記念公園」は、旧海員学校

の建物と敷地を再利用してつくられた施設だ。その核たる粟島海洋記念館本館は、旧海員学校の本館。木造2階建ての洋風建築だが、屋根は立派な瓦葺き。かつて多くの瓦店が軒を連ねた粟島ならではの造りといえる。敷地内に建つ研修棟（旧教室棟）、資料館（旧教室棟）、武道場（旧柔道場）と共に大正9（1920）年の築。これらはすべて国の有形文化財に登録されている。

何よりも私が惹かれたのは、建物の色合いだ。なんとも味のある清々しい青緑色をしている。
「ターコイズブルーと呼べばよいのでしょうか、それともエメラルドグリーンでしょうか？」
「何色いうんでしょうかねぇ、校舎は昔からこの色やったですよ。ペンキ塗りも授業の一環でしたからね。色を溶くところからやりました。あそこを見てください。小さな金属の輪があるでしょう？」
松岡さんが指さす方向に目をやると、本館の外壁上部に金属製の輪があった。
「あそこにロープを通しましてね、体を固定しながらペンキ塗りをしたもんです」
2年制だった粟島海員学校の入学資格は、中学校卒業以上、年齢15才から19才未満で身体強健な者。第1学年は主に甲板・機関両科の基礎を学び、第2学年から甲板科と機関科に分かれて専門分野を学んだ。授業にはいわゆる一般科目のほかに、救助艇訓練、レーダー実習、甲板技業、機関工作、海洋気象、信号、カッター（端艇）の櫓漕ぎ、ヨット帆走、汽船（機械駆動の船）での実習などがあった。
「実習ではカッターでけっこう遠くまで行きよったです。鬼ヶ島（女木島）や、2泊3日で岡山県の児島にも行きましたね。玉野造船所も見学して。制服を着てるもんですから、行った先でよく『航海学校の生徒さん？』とか言われてですね。昔ながらの名前で学校名を覚えている人が多くいましたね」

1.本館の妻側。ペンキ塗りの際にロープを通した小さな輪が見える　2.資料館（旧教室棟）の廊下　3.松岡恒和さん。旧海員学校OBでつくる「海友会」の会長として建物の保全や歴史を語り継ぐ活動も行っている　4.松岡さん所蔵の写真。2本マストでのヨット実習は粟島だけであったという

終戦の年に粟島で生を受けた松岡恒和さんは、5人兄弟の長兄として育った。瀬戸内海の要衝である粟島は、代々塩飽水軍と北前船で栄えた「船乗りの島」。昭和の時代においても、各戸1人は必ず船員になる土地柄だった。松岡さんも島の誇りある習いに従って、海員学校の甲板科へ入学。卒業後は国内の船社に勤務し、以来40年間、二等航海士として外航船に乗り続けた。退職した今は、自家用の漁船に乗って塩飽の海を駆け巡っている。

「いろんな人がおって面白かったですよ。空手の達人とかね」

海員学校は全寮制で、島内在住の松岡さんも例外ではなかった。同級生の多くは島外者であり、個性豊かな面々と寝食を共にした。

「今治からやって来た八百屋の倅いうのもいましたね。高校を中退してまで入学したんですが、母親が連れて帰ってしもたんです。大事な跡取り息子ちゅうことで」

そんな思い出話を笑顔で語りながら、校舎の裏側へとやって来た。現在、公園内の宿泊施設「ル・ポール粟島」のキャビン（木造コテージ）となっている場所。以前、この辺りには食堂があったのだという。

「渡り廊下があって、教室棟と食堂が繋がってましてね。みんなすし詰めになって食事をしました。当時は昭和30年代で、まだそんなに贅沢はできなかったですが、みんなよく食べて、いい体つきをしてましたよ。でも……」。松岡さんが、実に悔しそうな顔をして言葉を継ぐ。

「その食堂を取り壊したんは、ほんまにもったいなかったですねぇ……。瓦から内装の漆喰から、全部昔のまんまやったから。何であれを壊すんかいうて、そうとうブーイングが出ましたよ」

松岡さんが強烈に後悔するほどの、味のある古い建物。ぜひ一度見てみたかった。叶わぬ憧れを抱きながら、かつての食堂の姿をあれこれと想像した。

1.研修棟（旧教室棟）のファサード。本館と意匠を合わせつつも妻飾りに違いを見せている　2.研修棟裏側。ファサード（写真1）とあまりに対照的な簡素さが、かえって興味深い　3.中庭に残る基礎跡。当時は武道場（旧柔道場）と研修棟を結ぶ渡り廊下があったという

本館のファサード。ハーフティン
バー調の化粧梁、上下の妻飾りに
輝く八つ星・七つ星が印象的だ

1.本館の真裏にある木造平屋の武道場（旧柔道場）。トラス構造で室内の広さをつくり出している　2.資料館の床下に築かれた石造りの半地下通路。海岸と中庭を結ぶ秘密めいた抜け道だ　3.島内最高峰の城山（222m）とその麓に広がる旧海員学校周辺の町並み

4.本館2階の講堂。照明や天井に細かなデザインが施されている　5.コンパスを表す本館・妻飾りの八つ星。校章でもあり、当時の制帽にも付いていた。天を衝く黄色のフィニアルも印象的だ　6.裏側から見た本館。1階の東側（左）に事務室、西側に校長室と教官室、2階が講堂だった　7.本館の鬼瓦。刻まれている七つ星は「船星」とも呼ばれる北斗七星

地場産の花崗岩を用いたエントランス、大きな上げ下げ窓、外壁の下見板、そして、ハーフティンバー調のペディメント。洒落た可愛らしさの中にも、凛とした風格を漂わせる本館は、実に美しい建物だ。正面から見ると、なお一層その印象を強くする。

「今もきれいですが、当時はもっときれいだったんですよ。建物も庭も植木も歩道も、すべてが左右対称につくられていて。その点が大きな魅力やったんですがね」

以前は海上から見た時に惚れ惚れするほど、学校全体の造形がシンメトリックに構成されていたらしい。現在は、一部校舎の撤去や改修によって、本館玄関まわりにのみ、その面影が残されている。

「最初、明治の頃に学校をつくったんは中野寅三郎さんいう地元の海運事業者でしたが、大正に新しくこの校舎を設計したんは外国人やと聞

きましたね。当時の商船学校の生徒さんたちが建材を運んだらしいです。ワッショイワッショイいうて」

2基のボートダビットが立つかつての実習桟橋の向こうに、光る瀬戸内海と讃岐の山並みが見える。この桟橋から、きっとたくさんの若者たちが世界の海を夢見たことだろう。

「卒業式で教官からこう言われましてね、『君たちは無冠の外交官やぞ』と。これは、港に着けば君たちが日本の顔である、だから、常に気を引き締めにゃいかんぞと、そういう言葉です」

そして松岡さんは、実際に船乗りとして世界中の海を渡り歩いてきた。

「私は二等航海士でしたから、目的地を伝えられたらまずはチャート（海図）を開いて、航路を見つけて、距離を測るわけです。燃料を積む必要がありますから。ここまでは航海計画の立案ですね。そして、いざ海に出たら、航海当直

1.船旗、舶用機器、船の模型などが展示されている木造平屋の資料館内。天井の梁を大胆に見せる構造が心憎い　2.講堂の窓から望む資料館と研修棟　3.実習桟橋に整列する生徒たち。満船飾（国際信号旗の掲揚）の様子を見るに、何かのお祝いだろうか。松岡さん所蔵の写真

本館正面玄関から望む風景。ボートダビットが立つかつての実習桟橋の先に瀬戸内海が広がる

いうて、船の操縦と航路の見張りを担当するわけです」

　主に外航船に乗ってきたという松岡さん、一度の航海で、だいたいどれくらいの期間乗船していたのだろうか。

「日本から出て、香港、シンガポール、マレーシア。それから南アフリカのケープタウンに向かうんです。さらに黄金海岸、象牙海岸を北上して、ナイジェリア、ラゴス、セネガルのダカール。そこで揚げ荷が終わって、今度はあるていど船に足（喫水）を入れないかんから、下にリン鉱石を積むんですよ。船は2層3層になってますから、また途中で中甲板に綿花、カカオ、ココナッツなんかを積んで日本へ帰ってくる。1年半乗って、1カ月くらい休みがありました

かね。ヨーロッパやロシアなんかにも行きましたよ。ほんまに全世界へ行きました」

　いやはや、ホゥと思わず溜め息が出た。あまりにもスケールの大きな話で、頭の中のイメージが追い付かない。が、きっとこの旧粟島海員学校は、松岡さんのような船乗りを何人も世に送り出してきたのだろう。そして、その卒業生たちが、かげながら日本と世界の海運業界を支えてきたに違いないのだ。

＊粟島海洋記念館は改修工事計画のため令和3年末から当面の間、休館となっている（宿泊施設は営業中）

1.味のある家々や細路地が残る島内。ここは何でも揃う島のコンビニ、略して島コンだ
2.海洋記念公園の宿泊施設「ル・ポール粟島」の入口に飾られている船のスクリュー
3.荘内半島の紫雲出山から望む朝日。船乗りの島・粟島（左）は3島が砂洲で繋がりスクリューの形をなしている

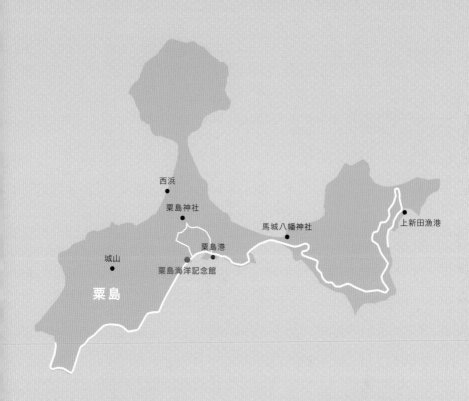

西浜

粟島神社

馬城八幡神社

上新田漁港

粟島港

城山

粟島海洋記念館

粟島

DATA

●所在地：香川県三豊市
●面積：3.67㎢
●周囲：17.4km
●標高：222m（城山）
●人口：154人
●アクセス：須田港から定期船で約15分

香川県

3つの島が砂州で繋がったスクリュー形の島。瀬戸内海の要衝として塩飽水軍と北前船で栄え、代々優れた船乗りを輩出し、その歴史が海員養成学校の創立へと繋がった。明治23（1890）年粟島と志々島の合併で粟島村に。昭和30（1955）年詫間町となり、平成18（2006）年に三豊市となった。平成25（2013）年から瀬戸内国際芸術祭の会場のひとつになっている。

南の島のたてもの探訪

奄美大島大和村のボレグラ(群倉)。島内産のリュウキュウチクを使い、今も定期的に屋根を葺き替えている

はるか赤道付近に起源を持ち、島国の日本へ多くの文化を運んだとされる黒潮の流れ。南西諸島や九州の島々には、見るからに南洋系と思しき来訪神や習俗が数多く存在するが、建築にも、それを感じさせるものがある。

鹿児島県奄美大島の大和村に残る、高脚の古い穀物倉「高倉」は、木造の4本脚に茅葺き屋根がのった簡素な造りの建築で、いかにも南洋の趣がある。この高倉は複数が特定の場所に集中して建つことから「ボレグラ」(群倉)と呼ばれている。

一見、琉球文化圏に残る神女の祭祀場「神アシャギ」(右ページ参照)を彷彿とさせるが、低重心のそれとは違い、大和村のボレグラは梯子を架けなければ登れないほどの高脚だ。この高脚構造は、南国特有の湿気を防ぎ、風通しをよくするためのもの。ちなみに、伊豆諸島の八丈島にも、4脚・6脚の高倉が残されている(右ページ参照)。

ある夏、このボレグラの改修工事に遭遇した。職人さんに中を見せていただけないかとお願いすると、快く作業現場を見せてくれた。

ボレグラは代々、住民が手を加えながら使ってきたものらしく、金釘は1本も使われていないという。柱はネズミが登れないように、カンナで滑らかに削られている。

ボレグラ改修工事中の職人さんと倉の中へ。そこには年代物の朽ちた脱穀機が保管されていた

奄美の高倉とよく似た伊豆諸島八丈島の4脚高倉（左）と、沖縄県伊平屋島の「島尻の神アシアゲ」（右）。〈神アシャギ：神女の祭祀場〉

　いったい、ボレグラの中はどうなっているのだろうか。期待に胸を膨らませつつ、職人さんと倉の中へ入ってみると、内部はピラミッドのような四角錘の構造になっており、立って歩けるほどの高さがあった。

　暗がりに目をやると、何やら古い農機具のようなものが。「これは脱穀機だねぇ」と、職人さん。錆びついた脱穀機は昭和の古いものらしく、かろうじて〈最新特優型 低音 文明式旭光号〉と記されているのが見えた。

　ボレグラの中は、さながらタイムマシンで過去にタイムスリップしたかのような空間で、実に興味深い体験をさせてもらった。

奄美市笠利町の「田中一村記念美術館」。奄美の高倉をモチーフにしている

来 訪神「ボゼ」(悪石島)で知られる、"秘境"
トカラ列島(鹿児島県十島村)。有人7
島のうちのひとつ口之島で、なかなか珍しい風
景に出くわした。

　週2便運航のフェリーに揺られ、一晩かけた
どり着いた口之島の港。崖のような急勾配の坂
道をあがり山上の集落へ到着すると、眼にも眩
しい真っ白なモノが視界に飛び込んできた。

　それは夏の青空に映える純白の屋根屋根。い
かにも南の島らしい光景だ。しかし、ここはギ
リシャのミコノス島でもなければ、南イタリア
でもない。よく考えたら、離島を含め、日本国
内では見たことのない景観だ。いったいこの洒
落た白屋根は何なのか。

　実はこれ、「ルーフィング」なるもの。本来は
様々な工事に使われる防水用のゴム状下地材で、

鹿児島県トカラ列島口之島の集落。
純白のルーフィング屋根が目に眩
しい

秘境の趣ただよう口之島。防波堤
部分が港。遥か遠方に見えるのは
中之島。両島共に活火山島だ

色は黒や赤が一般的だが、口之島ではそれをあ
えて白く塗り、屋根材として有効活用している
のだという。

　台風や潮風の影響をもろに受ける南国の口之
島。見映えが良く、強い日差しを吸収し、何よ
りも防水効果のあるこの純白ルーフィング屋根
は、南の島ならではの知恵といえるだろう。

南国沖縄を象徴する赤瓦の木造琉球家屋。もとは琉球王朝士族階級の住宅形式だったものが後に庶民に広まり、現在に至るとされる。しかし、当時の琉球士族の住宅は、残念ながら沖縄本島には残っていない。戦災によってすべて失われてしまったからだ。では、どこに残っているのか。実は、那覇市の首里から南へ約450km離れた八重山諸島の石垣島に1棟だけ残されている。

「旧宮良殿内」は、八重山の行政区のひとつ宮良間切の最高職「頭職」に就任した宮良當演が、首里の士族屋敷を模倣し、江戸時代後期の1819年に建てた住宅だといわれる。

赤瓦葺き、寄棟造りの木造平屋建てで、建材には丈夫な高級木材イヌマキがふんだんに使われている。間取りは正方形に近い形をしており、この"正方形"の造りには、台風の強烈な風圧を逃す効果があるとされる。沖縄の気候風土にふさわしい、創意工夫が施された住宅といえるだろう。

ただ、この屋敷には問題があった。それは、当時、琉球王朝時代の住宅建築には身分階級によって厳しい決まりがあり、この「宮良殿内」は八重山の頭職には身分不相応であるとして、琉球王府から取り壊しを命じられたのだ。

だが、宮良家はこれに従わなかった。再三の命令にも屋根だけを茅葺きに替えるなどしながら長年にわたって拒み続け、そうこうしている間に、琉球王朝が終焉を迎えてしまった。

結果的に、宮良家のこの大胆不敵な行動が、琉球士族の貴重な建築様式を後世に伝え残す、大きな要因となったのだった。

1.琉球王朝上級士族の屋敷形態を今に伝える「旧宮良殿内」(石垣島大川)。国指定重要文化財。庭園は国指定名勝　2.島言葉で「キャンギー」と呼ばれる高級木材イヌマキのほかに、屋久杉などが建材として使われている　3.石垣島のお隣り、竹富島の集落景観。赤瓦の琉球家屋集落が国の重要伝統的造物群保存地区に指定されている

1

琵琶湖の暮らし・沖島

近江の語源となった「淡海」とは、淡水の海のごとき広大な琵琶湖のこと。その湖上に、類い稀な暮らしを継承し続ける有人島がある。

湖東の堀切港から定期船で10分ほど。国内で唯一、湖沼の島に人の暮らしがある琵琶湖の「沖島」（滋賀県近江八幡市）は、古くから湖魚漁で発展してきた離島だ。潮の香のしない漁港には立派な防波堤と雁木がぐるりと巡らされ、朝な夕なに漁船が行き交う。港前の「沖島漁業会館」は、漁協活動や観光業に利用される島のランドマーク。沖島では、250人弱の住民のほとんどが、漁業に携わっている。

湖岸に整然と建ち並ぶ木造家屋は、沖島漁師の家々だ。その目と鼻の先に各々の漁船が係留されていて、そこかしこで網を繕う夫婦の姿を目にする。帰港してきた夫婦船を覗かせていただくと、カゴには満杯のスジエビが。大豆と一緒に煮る「エビ豆」は祝い事に欠かせない郷土料理。春になれば、近江名産「鮒ずし」となる卵持ちのニゴロブナが獲れるのだと、漁師が教えてくれた。

風情ある島の集落を歩く。細路地はさながら湖上の迷宮のよう。沖島は標高200m前後の山塊からなり、急斜面が湖岸近くまで迫っているため、少ない平地に家々が密集して建っている。島のメインストリートは、幅1〜2mの古い生活道路「ホンミチ」だ。

1.山の斜面と湖岸との間に建つ沖島漁師の家々。船着場は自宅の目と鼻の先に　2.白雪を冠した沖島集落　3.自宅前で漁網を繕う漁師夫婦　4.この石碑を目印に路地奥へ入ると蓮如上人ゆかりの西福寺がある　5.集落の細路地。家々が密集しているため、昔からくわえ煙草は厳禁だとか

沖 島に滞在していると、なんともホッと心が安らぐ。それは、車や信号のない、喧騒から離れた島時間に包まれているから。いや、それだけではなさそうだ。島内家屋の大部分を占める木造の建築群が、島の景観に穏やかな安定をもたらしていることも、大きな要因のように思われる。

切妻造りの瓦葺き。かつて琵琶湖を行き交った船の「舟板」を再利用した趣ある木目の外壁。そして、垣根の向こうからチラリと見える見越しの松。これらは、風情ある景観を愛した近江商人ゆかりの建築意匠に他ならない。その習いが、この湖上の沖島にも伝わっていて、密集し

た集落ながらも、落ち着いた佇まいを島全体に醸しているのだ。

集落の高台に鎮座する氏神様の奥津島神社は、藤原 不比等によって712年に創建された古社。島の住民には源氏の落人を祖とする7姓が多いという。祖の一人は来島した蓮如 上人の弟子となり西福寺を開いた。素朴な味わいが魅力の沖島は、実は高貴な歴史を誇る島でもある。

腰壁に「舟板」が使われている古民家。今は趣あるカフェに。かつて近江商人は琵琶湖で活躍した船にあやかって商売繁盛を願い、好んで舟板を自宅の外壁として再利用した。その習いの名残が沖島でも垣間見られる

1.比叡山から望む琵琶湖。遠方(左上)に沖島が浮かんで見える　2.近江商人の町・近江八幡伝統の様式美「見越しの松」を配した湖岸の民家　3.堀切港と沖島を結ぶ定期船「おきしま通船」　4.激しく波立つ真冬の湖岸。意外にも風雪厳しい沖島。特に比良山系から琵琶湖へ吹きおろす「比良おろし」は、沖島漁師も恐れる突風だ

1.沖島漁業の拠点にして島のランドマーク「沖島漁業会館」。沖島の湖魚漁獲高は県内5割以上。ニゴロブナ、アユ、ビワマス、イサザ、スジエビなどが獲れる　2.日本遺産「琵琶湖とその水辺景観―祈りと暮らしの水遺産」(2015年)に選定され、近年ますます注目を集める沖島文化。島外から社会科見学に訪れた小学生たちが元気に闊歩する　3.漁業会館内のお土産コーナー。漁師の奥様方主宰「湖島婦貴の会」が、琵琶湖産の魚で作った一品料理を販売している。外来魚ブラックバスを使った「沖島よそものコロッケ」が好評だ　4.スジエビと大豆の煮つけ「エビ豆」

1．島の氏神・奥津島神社。旧正月伝統の
「左義長」行事では、ここで採火した神火で
左義長を燃やし、新年の健康・繁栄を願う
2．集落内にひっそりと構える沖島郵便局
3．明治26年（1893）創立の沖島小学校。平成
7年（1995）に近江らしい建築デザインで移
転新築された　4．「おきしま通船」から望
む沖島集落。奥津島神社が鎮座する、お椀型
の頭山（141m）が特徴的

四方山から望む旧炭鉱住宅群と
「かあちゃんの店」があった通
称「小売センター」(中央右)。
手前は池島小中学校校庭

DATA

竣工	昭和54(1979)年
構造	鉄骨造2階建て

記憶に残り続ける池島の味

かあちゃんの店
長崎県・池島

昔と今が混在する、かつての炭鉱島

令和5（2023）年3月末、長崎県の離島・池島の名物店が、惜しまれつつ店を閉めた。店の名は「かあちゃんの店」。かつて炭鉱で栄えた島で、唯一残っていた飲食店だった。

「長崎市設池島総合食料品小売センター」の老朽化に伴い、建物は近く解体される予定。かあちゃんの店は3月末に閉店し、屋内の設備・道具一式はすぐに撤去される──。その話を聞いて、すぐに私の腹は決まった。なんとしても閉店前に再訪して、島と店と炭鉱についての思い出話を、今度こそかあちゃんに尋ねてみたい。そして、またあの「池島の味」も堪能したい。そんな、ちょっとばかり勇んだ気持ちを抱いて、8年ぶりに池島を訪ねた。

池島は、九州最後の炭鉱があった島だ。すぐ北隣には松島があり、南方には軍艦島（端島）や高島がある。いずれも炭鉱で名を馳せた島々ばかり。もともと、長崎県の西彼杵半島から長崎半島に至る五島灘の海底には広大な石炭層が眠っており、明治から平成にかけて、付近一帯の多くの島で「黒いダイヤ」が盛んに採炭された。

そのなかで、池島炭鉱は最後発の炭鉱として昭和34（1959）年に開鉱した。池島産の石炭は燃焼効率の良い優良な石炭として重宝されたが、石炭から石油へとかわる国のエネルギー政策の転換や、坑内火災、出水といった度重なるトラブルも影響し、平成13（2001）年、42年間にわたる操業に終止符を打った。閉山後、島か

ら次々に人が減っていったことで放置された炭鉱施設や住宅群の劣化・荒廃が進んでおり、島内は"昔"と"今"が混在した、独特の世界を形づくっている。

長崎市神浦港を発った「フェリーかしま」が、ゆったりと早春の角力灘を進み、船が池島港に入港すると、いきなり変貌した「選炭工場跡」が目に飛び込んできた。選炭工場とは、採掘した石炭を選別・貯炭し、船積みするまでを担う炭鉱の重要施設のこと。前回やって来た時には、操業停止後10年以上経過していたとはいえ、いかにも「黙して語る産業遺産」らしく、静かに佇んでいたのに。それが変貌、いや、激しく倒壊している。

「驚いたでしょう？　あそこが崩れただけで、だいぶ島の印象が変わってしまって……」と、利恵さんが言う。

1.料理の匂いにつられ、島ネコが厨房を覗きにやってきた。かあちゃんの店はこの「池島総合食料品小売センター」の一角（写真左）にあった　2.令和5（2023）年3月の選炭工場跡　3.前回訪島時、倒壊前の選炭工場跡（2015年5月撮影）。見比べると、8年ほどの間にだいぶ倒壊が進んだ様子がわかる

かあちゃんの店の店内。小売センターの空きスペースを有効活用し、客席は広々としていた

「いやぁ、いきなり面食らってしまいました。まさかあんなに崩れているとは……」

　利恵さんは、かあちゃんの店の店主・脇山鈴子さんの長女だ。高齢のかあちゃんに代わり、何かと窓口的な役割を担っている。池島出身で、現在は島内唯一の宿泊施設でもある長崎市のコミュニティ施設「池島中央会館」に勤務している。今回、私がそちらに宿泊することもあって、まずは利恵さんに面会したのだ。

　かあちゃんの店のある「長崎市設池島総合食料品小売センター」（通称・小売センター）は、旧炭鉱住宅のアパートが立ち並ぶ一角にある。近くに残る4棟の鉄筋コンクリート造8階建て高層アパート（通称・8階建て）は、人の営みの消えた旧炭鉱住宅群にあって、大きさ、デザイン、佇まい、どれも別格の存在感を放つ、現在の池島の象徴ともいうべき建物だ。往時を偲ばせる貫禄を備えている建物だけに、劣化して

ゆくさまもまた、おのずと目立つ。

「ずっと島に住んでいると、外部の人が言うほど"廃墟"になったとは感じないんですよ。急に誰もいなくなったわけじゃなくて、時間と共に人が減っていく様子を見てきたから」

　池島がしばしば"廃墟"や"第2の軍艦島"と称される現状について尋ねてみると、利恵さんはそんな風に答えた。ちょっと意外な答えにも思えたが、断続的な目線と、継続的な目線の違いだろうか。そう考えると、何となく理解できるような気がした。しかし、そんな利恵さんでも、港前の選炭工場跡の倒壊は、やはりショックだったらしい。

　昼頃、さっそくかあちゃんの店へ食事にでかけた。中央会館から坂をのぼって5分ほど。店に到着すると、玄関先で島ネコたちが開扉を催促するように群れていた。

厨房前のカウンターで来客と話をするかあちゃん。ここが定番の居場所だった

左／ちょっと控えめな店の看板。以前はもう少し目立つ所に別の看板があった
右／店の奥にフィギアの飾られたガラスケースと商品棚が並ぶ。レトルト食
品・軽食・ドリンク類・日用品などの小売も兼ねていた

「いらっしゃい。しっかり閉めてね。ネコが入ってくるけん」

　店に入ると、かあちゃんがそう言って出迎えてくれた。ひとことご挨拶をし、テーブル席へ。あれこれ話をうかがう前に、まずは「池島の味」から。一番人気のちゃんぽんを注文すると、「ちょっと待っとってね。すぐに作るけん」と、厨房の奥へ消えていった。

　"かあちゃん"こと脇山鈴子さんが店を始めたのは、炭鉱閉山後の平成16（2004）年のことだ。それまでは、ご主人と佐世保から池島へ移住して以来20年以上にわたり、島内の炭鉱従業員寮で食事係を務めてきた。閉山後、人が離れて店の数も減ってゆく島を案じるなかで、長年の調理の経験をいかし、一念発起して飲食店を始めた。

　当初、メニューはたくさんあったが、不動の定番メニューとなったのは、ちゃんぽん、トルコライス、カツ丼だ。閉山後しばらくは炭鉱関係者がまだ多く残っており、ボリュームのある食事が喜ばれたのだ。それから約20年。九州最後の炭鉱となった池島ゆえの激しい時代の移り変わりのなかで、かあちゃんの味はいつしか「池島の味」となり、唯一の飲食店となって、住民、元炭鉱マン、観光客など多くの人々の空腹を満たしてきた。そして、料理だけでなく、飾らないかあちゃんの人柄もあって、島内外たくさんの人から愛される名物店となった。

池島炭鉱の盛衰を象徴する高層の旧従業員アパート。通称「8階建て」。建物裏側（南側）のブリッジを渡って5階から出入りできる造りになっている

「はい、お待たせ」

　かあちゃん自慢のちゃんぽんは、ほんのリコショウが効いてイイ香り。具材は、豚肉、キャベツ、もやし、ニンジン、かまぼこ、玉ねぎ、きくらげなど。具だくさんで、食べごたえじゅうぶんだ。スープを飲み干し、満足しながらフウと一息つくと、数名の観光客が来店して慌ただしくなった。食後にかあちゃんと話ができるかと思ったが、ちょっと難しそうだ。ここはひとまず店を出ることにして、今夜は島内に泊まる旨をかあちゃんに告げた。

「それやったら、夕飯も食べたら。何時に来ると？　あまり遅くならんほうがよかね」

「では、5時頃にまた来ます。今度はトルコライスをお願いできますか？」

「トルコライスね。じゃあ5時に用意しておくけんね」

　そう約束を交わして、店を出た。

　夕方5時頃、再び店を訪ねると、すぐにトルコライスが出てきた。どうやら、時間に合わせて準備していてくれたようだ。トルコライスとは、トンカツ、パスタ、ピラフが1プレートに盛られた長崎のご当地グルメのこと。かあちゃんの店では、ピラフがチャーハンになっていて、ついでにサラダも乗っている。ボリューム満点で、しかも私好みの味。この時間、さすがに観光客はおらず、利恵さんもやって来て、ゆっくり会話をすることができた。

　なんでも、店の名は利恵さんが名付け親なのだという。炭鉱操業時、従業員寮で働く母親が皆から「かあちゃん、かあちゃん」と呼ばれ親しまれていたことから命名したそうだ。

「毎日2時起きやったね。朝食と弁当ば作って」とかあちゃん。昼は買い出しに行って、午後は夕飯の支度。毎日懸命に働き、炭鉱マンを支えた。

かあちゃん愛用のフライパンと厨房のガスコンロ。ちゃんぽんの具に火が通る。かあちゃんの動きはゆったりしているが、注文された料理を一品一品、的確に、真心を込めて調理した

「でも、あの頃は賑やかやったねぇ。いつも知らないオジサンが家におって」と利恵さん。

「知らないオジサン、ですか?」

「そう! 炭鉱のオエライさんとか」

「ハハハ、毎日が宴会たい」と、かあちゃんが笑う。社交的だったかあちゃんとご主人の元には、毎晩のように炭鉱関係者が遊びに来たという。釣れたての新鮮な魚を手にやって来る人があれば、かあちゃんはすぐにさばいて大皿に刺身を盛って出すような気風のよさがあった。

「もしかして、お酒もけっこうイケるくちでしたか?」

「昔は何でも飲んどったねぇ。ボトルば2本空けた時は、さすがに足とられた(フラフラになった)」

そう言って、かあちゃんは懐かし気に笑った。

上/具だくさんのちゃんぽん　下/ボリューム満点のトルコライス

かつて小売センターには、魚屋、肉屋、パン屋など多くの店舗が入り、たくさんの行商が出入りして「市場」と呼ばれていた。

「みんなで武雄温泉に行ったのは、よか思い出やねぇ……。あのころは店主会があったけん」と、かあちゃんが往時を思い出す。そんな小売センターも平成24（2012）年、最後の行商の女性が引退し、その翌年には「パイン」という商店が撤退。平成29（2017）年から出張理髪店が月1回の予約営業を行っているが、常駐の店はかあちゃんの店だけになった。

本来なら20店舗以上入る大きさを備えた小売センターの1階は板壁で間仕切りされ、壁の向こうは倉庫然としている。そしてこちら側は、他店の撤退によって広くなったかあちゃんの店だ。仕切りの板壁は今やメッセージボードと化し、「ありがとう！」や「美味しかったです！」など、来店客たちのメッセージで隙間がないほ

4

どにびっしりと埋め尽くされている。それらの
メッセージを見つめるかあちゃんに、閉店につ
いて尋ねてみると、
「仕方なかね……」とポツリ。しかし、すぐに、
「とにかく、商売に一生懸命やった」
　どこか清々しさの漂う笑顔で、そう言った。

　令和5（2023）年3月31日、かあちゃんの店
は閉店した。もう、あのボリュームのある定番
メニューの数々を味わうことはできないけれど、
かあちゃんの料理の味と、その気さくな人柄は、
きっとたくさんの人々の記憶に残り続けること
だろう。

1.かあちゃんに食事を催促？　店の玄関先に群れ
る島ネコたち　2.メッセージボードの前で微笑む
かあちゃん　3.注文受付と会計を兼ねるカウンタ
ー。晩年の3大定番メニューはちゃんぽん、トルコ
ライス、カツ丼だった。のれんの奥が厨房。手作り
の感染症対策シートが時世を物語っている　4.小
売センターの1階スペースを仕切っている板壁。か
あちゃんへの感謝の言葉や、来客それぞれの思い出
で溢れている　5.小売センター内、かあちゃんの
店の隣にあった出張理髪店の営業スペース

5

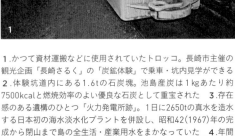

1.かつて資材運搬などに使用されていたトロッコ。長崎市主催の観光企画「長崎さるく」の「炭鉱体験」で乗車・坑内見学ができる　2.体験坑道内にある1.6tの石炭塊。池島産炭は1kgあたり約7500kcalと燃焼効率のよい優良な石炭として重宝された　3.存在感のある遺構のひとつ「火力発電所跡」。1日に2650tの真水を造水する日本初の海水淡水化プラントを併設し、昭和42(1967)年の完成から閉山まで島の全生活・産業用水をまかなっていた　4.年間最多約153万tの産炭を記録した後期主力鉱は、島の南西沖に位置する無人島大蟇島・小蟇島の地下海底深くにあった。そこへ至る坑口「第2立坑跡」が今も島の南西端にそびえている

四方山

池島

池島港

選炭工場跡

池島中央会館

8階建て
旧炭鉱住宅街

かあちゃんの店

第2立坑跡

DATA

● 所在地：長崎県長崎市
● 面積：1.08k㎡
● 周囲：2.3km
● 標高：115m(四方山)
● 人口：106人
● アクセス：【神浦港発】地域交通船「進栄丸」で15分／フェ
リーで26分／高速船で10分。【瀬戸港発】フェリーで28分／
高速船で11分。【佐世保港発】高速船で約1時間

長崎県

江戸時代、幕府は鎖国強化を目的として「池島小番所」(大村
藩領「外海十六カ所番所」のひとつ)を設け、番士1人と足軽
1人を常駐させて外国船や抜け荷の監視を行った。明治22
(1889)年、町村制施行により池島は神浦村の一部に。昭和30
(1955)年、黒崎村との合併で外海村となった後、同35(1960)
年外海町に。平成17(2005)年、合併により長崎市となる。

ユニーク・アーキテクチャ

島 旅の途中で多々出合う、思わず二度見してしまうような、ユニーク建造物。それらは家屋であったり、モニュメントであったり様々なのだが、いずれもその島ならではの特色を備えている点が、実に面白い。

古い建物からは、その島の歴史的背景や生活の知恵が垣間見られ、一方、比較的新しい斬新な建造物からは、ここぞとばかりに我が島の名物を謳う宣伝的姿勢がありありと感じられる。

そんな微笑ましい、離島のユニーク・アーキテクチャをご紹介したい。

塩飽諸島本島の夫婦倉

江戸時代に廻船業で栄え、代々優れた船乗りと大工衆を輩出した香川県丸亀市の塩飽本島。夫婦倉はかつての薪廻船業「新屋」の二連式土蔵。江戸後期の嘉永5（1852）年に塩飽大工の物部喜代七によって建てられたとの棟札が残る。昭和61（1986）年に丸亀市文化財に指定された後、復元工事が行われた

**新潟県佐渡島
宿根木の三角屋**

江戸後期、千石船(千石積みの
北前船)をつくる技術者集団の
町として栄えた宿根木地区(国
重要伝統的建造物群保存地区)
は、船大工の技が結集された風
情ある集落。この三角屋には、
外壁の船板や船釘、鋭角部の普
請などに造船技術の応用が見ら
れ、入り組んだ町並みにうまく
調和している

元祖"猫の島"田代島のネコ型ロッジ

代々、定置網漁をはじめとする漁業を生業としてきた宮城県石巻市
の田代島。魚に通じる猫を大切にする島として知られ、実際にたく
さんの猫が島民と共生している。平成12(2000)年に漫画家・石ノ
森章太郎との縁でアウトドア施設「石巻市マンガアイランド」がつ
くられた。写真は漫画家・里中満智子デザインによる「しまロッジ」

佐渡島 赤泊の旧田辺邸

明治30年(1897)頃築と伝わる和洋折衷建築。赤泊出身の
田辺九郎平は、北海道江差の商家へ奉公に出たのち鰊漁へ
の投資などで財を成し、帰島してからは故郷の発展に大き
く貢献した。2019年、建物を改修(2022年撮影)

赤泊のシンボルともいえる旧田辺
邸八角形の望楼。かつて田辺九郎
平が長年を過ごした北海道沿岸の、
鰊御殿の望楼をイメージしたもの
といわれる(2009年撮影)

隠岐島後 都万の船小屋群

島根県隠岐諸島島後の都万地区屋那に建つ20棟の船小屋群。
切妻の杉皮葺き屋根を割り竹と丸石で押さえている。もと
は掘立柱建築だったが、昭和62(1987)年の移築の際にコ
ンクリート基礎に変わった。急峻な高田山を背景とする風
情ある漁村風景は、水産庁「未来に残したい漁業漁村の歴
史文化財産百選」にも選ばれている

伊豆諸島神津島の赤崎遊歩道

島内に数ある美しい海水浴場の中でも抜群の人気を誇る「赤崎遊歩道」。
本来は島と岩礁を繋ぐユニークな木造遊歩道を指すが、いつしか海水浴場
そのものの呼称となった。翡翠色の海は天然の潮だまり。橋は飛び込み台
になっている。監視員が常駐しているので、安心して海へダイブできる

愛媛県上島町
魚島の貯水槽

瀬戸内海の燧灘に浮かぶ魚
島は、その名の通り古来漁
業の島。今も数多くの木造
建築が残る集落では昔から
防火意識が高かったという。
路地裏でドーム型レンガ造
りの旧消火用貯水槽がひっ
そりと眠っている

広島県横島 内海の平和塔

福山市横島の路地裏に建つ重厚な平和塔。
昭和24(1949)年に戦後の平和を願い建
てられたという。塔に嵌め込まれた時計
は今も正確な時を刻んでいる。福山市「景
観100選」のひとつ

1 奄美群島沖永良部島 笠石海浜公園「ゆりの塔」

沖永良部島特産のテッポウユリ「えらぶゆり」がモチーフの可愛らしい展望台。春には園内に数万輪のユリが咲き乱れる

2 沖縄県津堅島のニンジン展望台

沖縄県内有数のニンジン産地津堅島。平坦な島の最高地点（標高39m）にあるニンジン展望台に立てば、島内と沖縄本島が望める

3 沖縄県小浜島 海人公園の マンタ展望台

八重山諸島小浜島の細崎に建つマンタを模した展望台。小浜島と西表島に挟まれた眼下のヨナラ水道はマンタの通り道

4 飛行機の形をした三島村 薩摩硫黄島飛行場待合所

滑走路600mの本空港利用は主にセスナ機やヘリコプター。新日本航空が週2便で鹿児島空港線を運航している

**北海道奥尻島うにまる公園の
うにまるモニュメント**

うにまるは奥尻町のゆるキャラ。島
の特産品キタムラサキウニがモチー
フ。夜のライトアップが美しい

**沖縄県伊良部島の
フナウサギバナタ旧展望台**

宮古諸島伊良部島はタカ科の渡り鳥サシ
バの飛来地。そのサシバの飛翔姿をかた
どった展望台として人気を博していたが、
塩害による老朽化のため令和元(2019)
年に解体・撤去された

天草市御所浦町の恐竜像

白亜紀の恐竜やアンモナイトの化石が出
土することで知られる天草諸島の御所浦
島と牧島。両島内の各地に恐竜像が点在
する。写真はギガノトサウルス(牧島)

1 **北海道羽幌町 天売島の**
オロロン鳥モニュメント

町内5カ所に置かれた物のひとつ。老朽
化により平成28(2016)年撤去。かつて
は焼尻島にもあった

2 **愛知県南知多町日間賀島**
タコのモニュメント

名古屋の奥座敷・日間賀島名産のタコと
タコ壺をかたどったモニュメント。東港
と西港の2カ所にある

3 **熊本県天草上島の倉岳大えびす**

ふくよかな笑顔。天草市のえびす像公園
に建つ、総大理石造り・高さ10mを超え
る大きなえびす様

島の路地を歩く

かつて遠洋マグロ漁で一時代を築いた大分
県保戸島。九州本土の四浦半島からわずか
100mほどの近距離ながら、いまだ架橋さ
れていない。島面積1km²に満たぬ小島の限
られた土地に、肩を寄せ合うように密集し
て建ち並ぶ家々の路地裏には、独特な世界
が広がっている

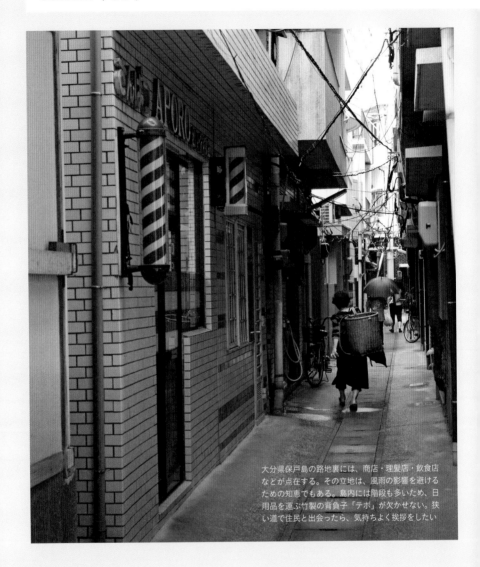

大分県保戸島の路地裏には、商店・理髪店・飲食店
などが点在する。その立地は、風雨の影響を避ける
ための知恵でもある。島内には階段も多いため、日
用品を運ぶ竹製の背負子「テボ」が欠かせない。狭
い道で住民と出会ったら、気持ちよく挨拶をしたい

島に人の暮らしがあれば、必ずそこに家と
道がある。限られた土地の中、家の数が
多ければ多いほど、建物は密集し、路地は増え、
小道は複雑に絡み合う。旅人にとって、そこが
初めて訪れた島の細路地ならば、きっと迷路に
迷い込んだような感覚に陥るだろう。しかし、
島好き、建築好きからすると、それも旅の楽し
みのひとつであったりするのだ。

　島を訪ねたなら、思い切ってズンズン細路地
を歩いてみよう。探検、なんていう大それたも
のではないけれど、気がつけば、見知らぬ島の
独特な世界を、少し高揚した気分で歩いている
自分がいるのだ。

保戸島の家々の間に延びるコンクリート階段を上っていると、突然、不思議な空間があらわれた。
看板はないが、雑貨や食料品を扱う商店らしい。家屋の土台部分の空間を、巧みに利用している

夕方に愛犬の散歩をする保戸島の住民。犬も慣れた様子で
軽やかに階段を下ってゆく

保戸島の路地裏にある道幅わずか1.2mの「大分県道612号
線」。日本一狭い県道だ

瀬戸内海東部の播磨灘に浮かぶ兵庫県家島。幹線道路の裏手にある車通りの少ない路地を、島の子どもたちが元気に歩いてゆく

三重県神島。細路地で区分けされた「セコ」と呼ばれる集落内。風情ある家々の共同スペースに、古い六角井戸が口を開けていた。きっと、住民同士、大切に使い続けてきた井戸に違いない

瀬戸内の漁村らしい風情を残す岡山県笠岡諸島の真鍋島。迷路のような細路地にあらわれた、美しいなまこ壁

瀬戸内海・芸予諸島、広島県の大崎上島。隣島（大崎下島）行きの船が出る明石港へ向かい歩いていると、歴史を感じさせる鐘楼に出くわした。鐘の音は、海風に乗って隣島まで聞こえるだろうか

島の路地とネコはよく似合う。漁業を生業とする島には、昔からネコを大切にする習いがある。近年人気の"ネコ島"のひとつ、香川県男木島のネコたち

小豆島の西方に浮かぶ香川県豊島。雑然としつつも、どこか味のある島のたばこ屋

愛媛みかんの名産地・怒和島の古建築に見られる焼杉板の外壁は、塩害による腐食防止に効果的な生活の知恵だ。心惹かれた細路地を抜けると、みかん畑が広がっていた

徳島県出羽島。閉じれば雨戸に、上下に開ければ庇と縁台になる「ミセ造り」を持つ古い家屋。幕末から昭和初期までの伝統的な主屋が残る漁村集落は、国の重要伝統的建造物群保存地区に指定されている

テングサ干しの風景が見られる出羽島の生活道路。かつてカツオ節生産で栄えた太平洋の島も、今は静かな時を刻んでいる

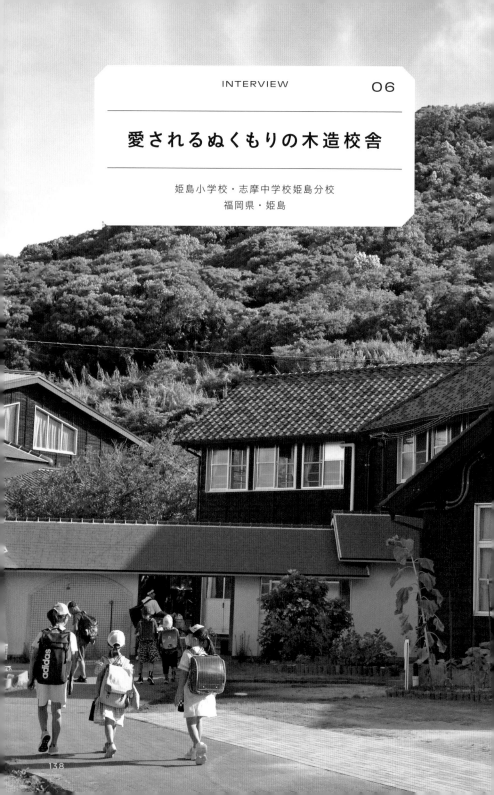

INTERVIEW 06

愛されるぬくもりの木造校舎

姫島小学校・志摩中学校姫島分校
福岡県・姫島

DATA

竣工	平成8（1996）年
構造	木造2階建て

緑萌える鎮山（標高187m）の
ふもと、元気に姫島小中学校
に登校してきた子どもたち

先生と子どもたち、みんなの声が響きわたる

福岡県糸島半島の北西約4㎞に浮かぶ小さな離島、姫島。好漁場の玄界灘に抱かれ、良質のサワラが自慢の漁業の島だ。近年、福岡市のベッドタウンとして注目を集める糸島市唯一の離島でもある。ゆったりとした島時間が流れ、島ネコか、釣りを目的とした来島客が多い。その他、高杉晋作と縁のあった幕末の女流歌人で勤王家の野村望東尼が幽閉されていた獄舎跡を目当てに、歴史マニアがやってくる。

そんな姫島にある「姫島小学校・志摩中学校姫島分校」は、平成の建築ながら、実に味のある木造校舎群からなる学校だ。小学校は明治7（1874）年、中学校は昭和23（1948）年の創立で、元々それぞれ別の場所にあったが、平成8（19

96）年に小中併設校として生まれ変わった。

約束の時間に学校を訪ねると、竹内仁美先生という朗らかな女性の校長先生が出迎えてくれた。

「今朝は同じ船だったようですね。気がつかなくて失礼しました」と、先生。

「いいえ、こちらも気づかずに失礼しました」

今朝は岐志港発の糸島市営渡船「ひめしま」の第一便で島へやって来た。先生とはお互いに初対面なので、致し方なしだ。

「先生方は毎日、船で通勤されているのですか？」

「全員島外から通勤しています。車を港の駐車場に停めて。私は糸島市内からですが、市外の職員もおりますよ」

島によっては、島内に教職員住宅を備えたところもあるが、本土の岐志港から15分ほどの近距離にある姫島の場合、先生方は朝7時50分発の第一便でやって来て、夕方の最終便で帰る、残業は無し、というのが定番らしい。となると、島にいる児童生徒の方が早く学校へ登校して来るのではないだろうか？

「はい、毎朝子どもたちが学校の前に並んで、私たち教職員を出迎えてくれるんです。珍しいですよね」

　先生が子どもたちを校門で出迎える光景はよく目にするが、その逆は見たことがない。何とも素敵な習慣ではないか。「あいさつ運動」というらしい。さらには、中学生は毎朝、島内全域の新聞配達を済ませてから授業に臨むのだという。

「私が赴任するずっと前から続けられている、この島の伝統なんですよ」

　ちょっと誇らしげに、竹内先生がそう教えてくれた。

上／中学校教室内の様子。小規模ながら様々な設備が整っている。壁掛け型高機能プロジェクターも近々設置される予定だ　左／学校の目の前に広がる青き玄界灘。防波堤には歴代卒業生によるイラストが描かれている　右／管理棟正面玄関に掲げられている2種類の学校表札。姫島小学校は令和6（2024）年に開校150周年を迎える

教室棟の吹き抜け部分。1階は全校児童生徒が集えるほどの大空間。天井は古い教会のように、木材の骨組みを大胆に意匠化した造りが美しい

　令和5（2023）年度の姫島小中学校の児童生徒数は、小学校7人、中学校4人。計11人の子どもたちが緑豊かな鎮山（標高187m）のふもと、玄界灘の目と鼻の先で、元気にたくましく、姫島ならではの学校生活を送っている。子どもたちは島の地域活動にも積極的に参加し、鎮山の清掃活動や野村望東尼の歴史を伝える行事など、故郷・姫島を愛し、発信する活動にも力を注いでいる。

「では、校内をご案内いたしましょう。まず、この校長室のある校舎は管理棟といいます」

　校長先生に案内していただきながらの学校探検。なんとも贅沢な時間だ。校舎は管理棟・教室棟・体育館の3つからなり、それぞれが渡り廊下で結ばれている。管理棟は校長室のほかに職員室、事務室、保健室などがあり、木造2階建ての可愛らしい六角形の造りをしている。上

部に突き出た望楼のような明かり取りが印象的だ。

「小中併設校になった当初は、職員室内に仕切りがあって、小・中それぞれの小部屋に分断されていたそうです。でも、今はそんな壁は取り払われて、風通しのよい環境になっていますよ」

　その"風通し"の良さを象徴するかのように、現在、中学校教師による小学生への「乗り入れ授業」が行われ、姫島ならではの学びが実践されているそうだ。

　児童生徒が大半の時間を過ごす教室棟は、木造2階建て、建物中央部の吹き抜けを軸として、放射線状7方向に教室が張り出すユニークな形をしている。現在、1階が小学生、2階が中学生の教室になっている。校内に飾られた学校の空撮写真を見ると、教室棟の個性をよりはっきりと理解することができ、この時、自分の中で

太い支柱を軸に、傘を広げたような
造り・デザインになっている管理棟
の明かり取り

ちょっとした発見があった。空から見たこの教
室棟の形が、同じく校内に展示されている「桝
網漁」ジオラマの網の形（右写真）とよく似て
いるのだ。もしかしたら、姫島伝統の桝網が教
室棟のモチーフでは……？　そんなことを、ひ
とり密かに考えた。

　給食の時間になると、児童生徒と先生方が吹
き抜けのホールに続々と集まって来た。仲良く
全員での昼食だ。

「今月は、ＡさんとＢくんと校長先生の誕生月
です。みんなでお祝いの歌を歌いましょう！ハ
ッピーバースデー、トゥーユー。ハッピーバー
スデー、トゥーユー。おめでとうございまーす！
それでは、レッツ、イート、ランチ！」

　お腹をすかせた元気のいい子どもたちの声が、
ぬくもりのある木造校舎の中に響き渡った。

上／校内に展示されている精巧な「桝網漁」のジ
オラマ。教室棟と似てはいないだろうか　下／校
内に飾られている空撮写真のパネル。俯瞰で見る
とユニークな校舎群の様子がよくわかる

「おとぎの国のごたる校舎やねぇ」

穏やかな笑みを湛えて、姫島区長の須田正人さんがそう言った。島民からの人望あつい須田さんは、15年にわたり区長を務めているエネルギッシュで気さくな男性だ。

現在の校舎は、平成8（1996）年、当時の志摩町（現糸島市）によるコンペで選ばれた。町営渡船の船長を勤めあげた後に区長となった須田さんも、校舎を選ぶこの投票に参加した。複数ある候補のうち、現校舎が一番人気だったが、斬新でおしゃれなデザインであるぶん、金額も一番高かったという。

平成25（2013）年に取り壊された志摩中学校姫島分校の旧校舎は、昭和25（1950）年のブリ大漁景気のおかげで、翌年、ぶじに落成を果たしたことから「ブリ学校」と呼ばれ、長年にわたって島の住民に親しまれた。戦後生まれの須田さんに竣工時の記憶はないものの、ブリ学校の歴史を聞き、誇りを感じつつ育っただけに、新校舎のあまりに斬新なデザインに当初は面食らったという。

しかし、いざ新校舎の建設が始まると、須田さんは毎日、仕事終わりに建設現場へ足を運び、木造の骨組が"おとぎの国の校舎"へ変わってゆく過程を熱心にフィルムにおさめ続けた。

「額縁に入った建築の記録写真が学校に飾ってあるでしょう。あれは私が撮って学校に寄贈したものなんですよ。現像、プリント、額装も含めて、5〜6万円はかかったんやなかやろか」

須田さんは、そう言って笑った。

上／糸島市営渡船「ひめしま」。姫島港−岐志港間を約15分で結ぶ　左／15年にわたり姫島区長を務めている須田さん。かつては渡船の船長だった。長男の須田邦裕さんはTVドラマ『半沢直樹』『VIVANT』などで活躍中の俳優だ　右／須田さんが撮影・制作し、学校へ寄贈した新校舎の建築記録パネル。写真が趣味の須田さんは自宅に暗室を構えるほどの腕前。さすがにどれも見事な構図だ

校庭の遊具と管理棟。左は体育館。運動会前は住民総出で校庭の草取りに汗を流す。島の人たちは学校をとても大切にしている

多くの離島が少子高齢化の波に翻弄されている現在、姫島も例外ではない。

「島には高校が無かですけん、中学卒業と同時に、島ば離れんといかんわけです。いわゆる"15の春"ですね」と、須田さんが言う。

姫島では年々子どもの数が減っており、このままいくと数年後には休校が避けられない状況だという。学校存続には、何よりも子どもの数が増えることが第一。ここで考えられるのが、島外の子どもたちの存在だ。

ただ、本土に住む子どもたちが姫島小中学校へ通えるようになるためには、まず島内の総意として「留学生受け入れ」の意思決定を表明する必要がある。だが、その場合、留学生の居住先はどうするのか。里親制度にするのか、それ

上／校内で穫れた玉ねぎ。子どもたちが栽培・収穫した野菜は給食の大事な食材となる　下／児童生徒が制作・設置した鎮山頂上の看板。学校では校内活動の一環として、毎年定期的に鎮山の清掃活動を行っている

とも家族で暮らせる住居を準備するのか。課題は少なくない。また、小規模ながらもブリ景気の頃から地域の象徴として受け継いできた島の学校、という自負もある。現在、姫島の住民たちは、留学生受け入れについて、慎重に検討を重ねている段階なのだ。

姫島小中学校を訪ねた翌日は、ちょうど夏の大祭「姫島祇園祭」の日だった。子どもたちが鯛山笠を曳きながら、島の集落を練り歩き、その周囲を大人たちが温かく見守っている。夏の日差しがまぶしい道中、あちこちから水が撒かれ、法被姿の子どもたちはずぶ濡れになりながらも、実に楽しそうだ。

子どもたちの傍らに、祭り総代として参加する須田区長の姿があった。コロナ禍を経て、3年振りの通常開催にこぎつけた今夏の祇園祭。

上／「姫島祇園祭」（7月15日）で鯛山笠を曳く島の子どもたち。その様子を見つめる大人たちの眼差しは温かだ。祭り後、大人も子どもに混じって盛んに海に飛び込み遊んでいた　左／3つの校舎を繋ぐ渡り廊下。昇降口も兼ねていて、建屋の中に下駄箱がある　右／管理棟の明かり取り。外部からは望楼のように見える

区長もさぞ嬉しいに違いない。
　「少子高齢化で子どもの数は減っとりますが、姫島のよかところは、地域ぐるみで子どもたちに関わってだいじにするところです」
　昨日、誇らしげにそう語ってくれた須田区長の言葉が、ふと脳裏によみがえった。

児童生徒の通学路。先生方の通勤路でもある。朝、子どもたちはここに並び、先生方を元気な挨拶で出迎える

玄界灘の洋上から望む姫島。島全
体が鎮山とその裾野からなる

上／幕末の女流歌人で勤王家の野村望東尼が幽閉さ
れていた獄舎跡（復元）と望東尼の胸像　下／島の漁
師が信奉する「えびす大黒」。天然石に恵比須様が
刻まれている

姫島の島ネコ。姫島神社の神様は犬嫌いなのだとか。言い伝え
通り、実際に島内では犬を見かけない。これも島にネコが多い
理由のひとつだろうか

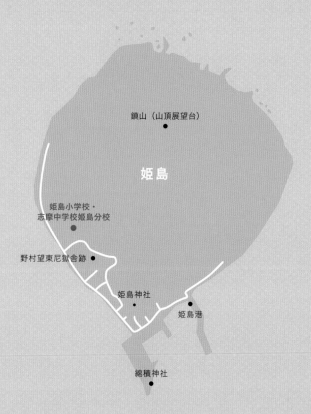

鎮山（山頂展望台）

姫島

姫島小学校・
志摩中学校姫島分校

野村望東尼獄舎跡

姫島神社

姫島港

綿積神社

DATA

●所在地：福岡県糸島市
●面積：0.75㎢
●周囲：3.8km
●標高：187m（鎮山）
●人口：134人
●アクセス：岐志港から市営渡船「ひめしま」で15分

地勢上、大陸との繋がりが考えられるが、姫島が詳しく歴史に
登場するのは江戸時代から。外国船監視の遠見番所が置かれ、
捕鯨が盛んだった記録が残る。幕末の1865年、女流歌人で勤
王家の野村望東尼が流罪となり島内に幽閉されたが、高杉晋作
の同志らによって救出された。平成22(2010)年の合併で志摩
町から糸島市に。漁業とネコの島として知られる。

福岡県

離島の学校建築

その島の個性をよく表している学校の校舎に出合うと、なんとも嬉しい気持ちになる。建物から、子どもたちに対する大人たちの愛情が感じられるような気がするから。

子どもは未来。地域の宝。なのだが、日本中が少子高齢化時代の現在、離島をはじめとする僻地が過疎化の最たる場所であることは、否めない事実だろう。望まぬ波に抗えず、その地域から学校がなくなってしまうと、さらに人が離れるという悪循環に陥る。一度減ってしまった人口はなかなか元には戻らない。それゆえ、学校の存続を必死に願う過疎地の人たちの姿を目にすると、郷土を愛し、子どもたちの未来を案ずる彼らの思いに、胸が熱くなる。

離島の学校にしっかり目を向けてみると、学校そのものや運動会などの学校行事が、児童・生徒・教師だけのものでなく、全住民に関わる地域の象徴であることがよくわかる。そこが小さなコミュニティであれば、ことさらに。

過疎の島を訪ねた時、もしかしたら、目の前にすっくと立つその校舎は、すでに学校としての役目を終えた建物かもしれない。しかし、元来、学校の校舎は重厚で頑強な建物。たとえ子どもたちの声は消えたとしても、学校建築は数十年という長いスパンで、その島の"顔"となり続けるのだ。

鳥羽市立菅島小学校（三重県菅島）

なんとユニークで、郷土の誇りを感じさせる学校建築だろう。島の象徴たる国内最古のレンガ造灯台「菅島灯台」（P180参照）を模した校舎。菅島小児童たちによる島の観光案内「しまっこガイド」が好評だという

北海道天売高等学校（北海道天売島）

日本一小さな高校と謳われる羽幌町立の夜間
定時制課程の高校。漁業の島らしく、普通科
ながら、水産科目が設けられている。毎年7
月の「天高祭」は大いに盛り上がる

姫島村立姫島小学校（大分県姫島）

明治8（1875）年創立。色鮮やかな新校舎は
平成18（2006）年の竣工。屋根の青色は海で
外壁の茶色は島の火山か、島へ飛来する蝶ア
サギマダラかと、想像が膨らむ

旧鵜来島小中学校（高知県鵜来島）

港の際に建つ立派なRC造校舎。鵜来島は四国の南西端・宿毛市からさらに23km沖合の太平洋上に位置する島。学校は平成19（2007）年に閉校したが、現在はコミュニティセンターとして様々な用途に活用されている

うるま市立津堅小中学校
（沖縄県津堅島）

明治26(1893)年創立。沖縄戦で全焼した歴史を持つ。平成20(2008)年改築の現校舎は、いかにもニンジンが特産の島らしい明るい橙色のRC造校舎だ

青ヶ島村立青ヶ島小中学校
（東京都青ヶ島）

日本最多人口の東京都に属する、日本一小さな村の学校。平成9(1997)年築の校舎は今なお斬新。島外からの離島留学生制度で生徒数を維持している

旧苗羽小学校田浦分校（香川県小豆島）

明治35（1902）年築の木造平屋建て。壺井栄原作・映画『二十四の瞳』（1954年）の撮影地。作中の「岬の分教場」として今なお愛され続けている。昭和46（1971）年の閉校まで、実際の校舎として利用された

旧日島中学校（長崎県日島）

寄棟瓦葺き木造2階建て。乳白色の外観と車寄せ風のエントランスが印象的な、味のある和洋折衷建築だった。平成6（1994）年の閉校後、宿泊施設を経て解体された

旧青海島小学校 (山口県青海島)

幾何学的な造形の目をひくファサード。昭和29
(1954)年築・平屋建ての細長い木造校舎は、東西に
シンメトリックな造りをしている。平成18(2006)年
の閉校後、地域おこし団体「青海島共和国」の活動
拠点として今も活躍中

旧蕨小中学校 (長崎県久賀島)

平成21(2009)年に閉校した旧蕨小中学校の
古い木造校舎。校庭を挟んだ対面には、昭和
61(1986)年築RC造2階建ての校舎が残され
ている。写真下は閉校記念碑。半農半漁で豊
かだった蕨地区。石碑に刻まれた感謝の言葉
は、どこか哀愁を帯びている

石垣・塀・壁

古民家の石塀（香川県豊島）
瀬戸内海の豊島は凝灰角礫岩「豊島石」の産地。形の異なる石材を不規則ながらも巧妙に築き、結果的にモザイク模様のような風合いを醸している。こうした印象的な景観との、ふとした出合いは実に楽しい

　島の特徴がよく表れた個性的な建造物といえば、石垣や石塀もまた、それらのひとつではないだろうか。各島特産の石材で築かれた石垣や石塀は、極めて精緻に積まれていたり、あるいは無造作ながらも、どことなく味のある積まれ方をしていたりと様々で、ふと足を止めたくなる魅力を備えている。

　このページでは、地域の特色が垣間見える個性的な離島の「石垣・塀・壁」を見ていきたい。

石うすの護岸（新潟県佐渡島）
金銀山で栄えた佐渡島。相川地区を流れる河川の護岸に、かつて金鉱石をすり潰すのに用いられた石うすが再利用されている

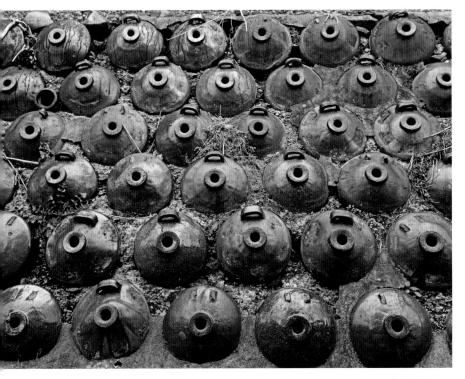

タコ壺の壁（愛知県日間賀島）

タコの名産地ならではの風景。路地裏の壁一面にタコ壺が埋め込まれている

大里玉石垣（東京都八丈島）

島内各地に残る玉石垣。特に島役所跡である大里の玉石垣はみごと。かつて流人が海岸から運び積み上げたと伝わる

漆喰の装飾（佐賀県馬渡島）

佐賀県呼子沖の離島、馬渡島。立派な古民家の外壁を飾る、鷹（写真左）と虎（右）の漆喰装飾

高良家住宅の外壁
（沖縄県慶留間島）

高良家住宅は、19世紀後半に琉球王府の役人・仲村渠親雲上が中国交易で財を成し建てたと伝わる豪邸。グスクのような曲線を描きつつ精緻に築かれたサンゴ石垣が特徴的。国指定重要文化財

消防機庫の外壁
（山口県沖家室島）

風情ある木造住宅が密になって建ち並ぶ、瀬戸内海の沖家室島。防災上重要な役割を担う消防団施設の倉庫もまた趣がある

サンゴ石垣とハブ除け棒
（鹿児島県奄美群島与路島）

サンゴ石（琉球石灰岩）で築かれた石垣が続く、清潔感ある与路島の集落。ハブを退治するためのハブ除け棒が数十m間隔で石垣に立て掛けられている

姫島小学校の壁画
（大分県姫島）

豊かな水産資源に恵まれた姫島。イシダイやマコガレイなど、子どもたちが描いた姫島自慢の魚が壁画の中で躍動している

武家屋敷の石垣
（長崎県五島列島福江島）

五島藩主五島氏の居城だった福江城下の武家屋敷。石垣上部の丸石積は昔の名残。崩れた音で曲者の侵入を察知し、いざという時は投石で退散させた

レンガ壁と玄武岩の土台
（山口県六連島）

響灘の火山島・六連島。古い木造家屋の家々が建ち並ぶ集落内、大胆に組み築かれた玄武岩の石垣が印象的だ

石積みの練塀（山口県 祝島）

練った土と石を漆喰で塗り固めた石積みの塀、または外壁。防風・延焼防止の効果がある。他の島では見られない、祝島ならではのシンボリックな光景だ

INTERVIEW　　　　　07

佐渡に唯一残る元妓楼旅館

金沢屋旅館（旧金澤楼）
新潟県・佐渡島

旅館 金沢屋

DATA

竣工	明治35(1902)年
構造	木造2階建て瓦葺き

築120年以上の金沢屋。夜はまた
違った表情を見せる。

金沢屋の玄関まわり。
衝立の向こうは応接間

守り継がれる遊廓のおもむき

ヘ>ハァーエー、
両津欄干橋　真ん中から折りょうと
舟で通うても　やめりゃせぬ

佐渡島の玄関口、両津の漁師によって歌い継がれてきた民謡「両津甚句」。歌詞にある欄干橋とは、現在、国道350号線が通る両津橋のこと。その下を加茂湖と日本海を結ぶ短い川が流れ、歴史ある夷町と湊町は、昔からこの川を境に隔てられてきた。そして、昭和の半ばまで、この両町には遊廓が存在した。

遊廓とは、公的に買売春が認められた区域のことを指し、娼妓（遊女）を置いて商いをする店自体を妓楼（貸座敷）といった。明治の最盛期には、両津夷遊廓に20軒ほど、両津湊遊廓に

10軒ほどの妓楼が軒を連ねていたという。全国からやって来た船乗りはもちろんのこと、地元の夷町の者は対岸の湊遊廓へ、反対に湊町の者は夷遊廓へと遊びに通ったらしい。先述の両津甚句の文句は、「たとえ大水で欄干橋が壊れても、舟で渡れるのだから遊廓通いはやめられない」といった意味になる。だが、昭和31（1956）年に公布された「売春防止法」の施行によって、長い歴史を持つ日本の公娼制度は終わりを告げた。全国の多くの業者が廃業し、存続を賭けた店は、飲食店や旅館へと転業した。

両津湊の若宮通りに軒を構える「金沢屋旅館」は、両津港の割と近くにあり、旅行サイトを通じて簡単に予約ができるありがたい宿だ。が、

何も知らずにやって来た旅人は、築120年以上の風格ある店構えに驚くかもしれない。しかも、外観はまだ序の口。一歩宿の中へ足を踏み入れると、目に飛び込んでくるのは鳳凰が彫り込まれた大きな唐破風（からはふ）と「金澤楼」の金文字が躍る木製看板。そう、ここ金沢屋は、佐渡で唯一残った元妓楼の旅館なのだ。

ガラガラと引き戸を開け、声を掛ける。すると、奥の方から女将が出てきた。

「まぁ、ようこそおいでくださいました。遠い所から何度も来ていただいて」

何度も、と言われると恐縮してしまう。最初に来たのは15年も前になるが、どうやらありがたいことに、女将は私の珍しい苗字を覚えてくれているらしい。

さっそく靴を脱いで館内へあがる。ミシッと鳴る板敷の床。何とも味のある玄関まわりだ。上を向けば重厚な格子天上。正面には孔雀牡丹図（くじゃくぼたんず）の描かれた古い衝立（ついたて）。この絵は佐渡を代表する画家・恩田耕作（おんだこうさく）によるもの。恩田は、大正・昭和初期の日本画の大家・土田麦僊（つちだばくせん）の弟子としても知られる。鼎状（かなえ）の金属製花器には、女将がもてなす季節ごとの花が生けてあり、その花器が載る古い卓には、キラキラと光る螺鈿細工（らでんざいく）が。やはり、普通の旅館にはない独特な華やかさが、ここ金沢屋にはある。

女将に案内され、玄関奥の応接間へ。真冬の佐渡は冷える。あたたかいお茶とストーブがありがたい。

「女将さん、最近こんな雑誌が出ましてね」

ある雑誌の佐渡特集に、先輩写真家が撮った20年以上前の金沢屋と一人のご老人の写真が載っていた。お見せして、何か話が膨らめばと持参した。

「え、うわぁ、まあ嬉しい、これ、私の父ですよ！　こんな写真があったなんて。ここに93歳って書いてありますけど、102歳まで長生きしたんです。まぁ、こんなイイ笑顔で撮ってもらって……」

写真のご老人が女将の実父だとはつゆ知らず、予想外の反応に嬉しくなった。と同時に、驚きもした。写真のキャプションには確かに「椎野熊吉（しいのくまきち）さん　撮影当時93才」とある。女将が養女としてこの金沢屋を受け継いだことは以前に聞いていたけれど、実のお父様も旅館の切り盛りをしていたことは初めて知った。

1.七番の部屋で、佐渡の文化人・川上喚濤（かわかみかんとう）の句を詠み聞かせてくれる女将の渡邉朝子さん　2.館内に飾られた古伊万里などの器。妓楼の宴会で実際に使われていた　3.床板・柱・階段などのツヤが120年にわたる人の行き来を偲ばせる。赤玉石は佐渡が誇る銘石だ

金沢屋旅館の前身である金澤楼は、明治20（1887）年頃、初代渡邊立蔵が両津の城の内（今の佐渡市役所両津支所付近）で創業したと伝わる。その後、明治31（1898）年に、両津に散在していた妓楼が夷の神明町と湊の加茂湖畔に集められ、金澤楼は湊遊廓に移転。今の建物は明治35（1902）年に建てられた。

「金澤楼が繁盛したのは、2代目清次郎の頃でしてね。書家で古美術収集家でもありましたから、佐渡の芸術家なんかと深い交流があったようです。いま館内に飾られている美術品は、その頃に集めたものだと聞いています」と、女将。

各客間には書や襖絵があり、廊下に面したガラス戸の中には、竹細工、八幡人形、赤玉石、蝋型鋳金の工芸品、船箪笥など、数々の佐渡の名品が所狭しと飾られている。

清次郎と妻カツの間には慶さんという娘がお

り、慶さんは先述の雑誌のご老人・椎野熊吉さんと結婚。つまり、現女将の渡邊朝子さんは、その2人の娘にあたる。朝子さんは、昭和44（1969）年に亡くなった祖母の遺言に従って、母の実家・渡邊家の養女となり、金沢屋旅館の後継者となった。

「跡継ぎといっても、その頃はまだ20代の東京暮らしでしたから、40歳で佐渡に戻ってくるまで、しばらくは父と母に旅館の経営を任せていたんです」

女将の実家はこのすぐ近く、同じ町内にあったという。

「ですから、実際には父が3代目で、私は4代目みたいなもんですね。ただ、父はあくまで自分は"管理人"だって言い張ってましたけど」

そう言って微笑む女将は、現在、実弟の椎野達男さんと姉弟で旅館を切り盛りしている。

新法の施行に伴い、昭和30年代前半に妓楼から旅館へ転業した金沢屋。昭和20（1945）年生まれの女将は、幼心に妓楼時代の様子を少しばかり覚えているという。

「道路の方から、1階の格子戸の向こうに女性がいっぱい座っているのが見えましてね。地元の女性もいましたが、新潟の新発田あたりから来ている人もけっこういたようですよ」

娼妓が店先に居並んで客を待つ、妓楼特有の「張見世」という部屋のことのようだ。言われてみれば確かに、今の金沢屋の格子戸に、そんな面影が見て取れる。館内に飾られている古伊万里の大皿や古い漆器類は実際に宴会で使用されていたもので、各部屋の装飾品や衣紋掛けなども昔のままだという。

「今日は、他にお客様はいませんから」

そんな女将の言葉に甘え、許可をもらい館内を散策してみた。部屋の名前は「一番」「二番」と至ってシンプルだ。これがかえって昔の妓楼を思わせ、味がある。その中で唯一「加茂湖御室十番」という冠名のついた部屋があり、かつて宴会場だったという二間続きの広い客間からは、裏庭越しに、その名の通り加茂湖が望めた。

1.代々、なるべく自分たちで修繕しながら受け継いできたという金沢屋。印象的な外壁の石臼意匠は旅館になってからのもの　2.初代渡邉立蔵の肖像画。金澤楼の創業地は今より北に位置する城の内地区。明治21年発刊の両津古地図に初代の家の記載がある　3.2階の階段柵にさりげなく施された洋風の意匠が心憎い　4.妓楼時代から使われている古い衣紋掛けと内張が真紅の衣裳盆。冬らしく丹前が用意されていた

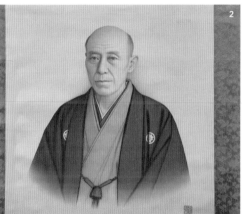

「最近は海外のお客さんも多いですよ。直接ネット予約してくださるアジア系の方とかね」

　常にお姉さんをたてる謙虚さながら、パソコン業務をはじめ様々な仕事を担う弟の達男さんは、女将と同じく親切丁寧な接客で旅人をもてなしてくれる頼もしい存在だ。

「国内のお客さんだと、やはり皆さん"遊廓"に注目してやって来るんですか?」

「そうですね、最初は遊廓で名を売るつもりはなかったんですが、結果的にそれで注目してもらえるようになりました。そういえば、昔は屋敷の外に門と石塀があったんですよ」

「では、あの『金澤楼』の看板も屋外にあったとか?」

「いやぁ、確かにそれっぽくはありますが、古

い物にしては状態がきれい過ぎますね。おそらく元から室内にあったのでしょう」

　そんな興味深い会話をしながら、一緒に裏庭の加茂湖畔へ出た。湖の背後にそびえる金北山（きんぽくさん）の雪景色が美しい。この山稜の向こうは、かつての金銀山。佐渡は今、「佐渡金山遺跡」の世界文化遺産登録を目指し、邁進している。

「佐渡がもっと活気づくといいですね」

「ええ、本当に。コロナ禍もあったのでね。ここ何年かで、両津の大きなホテルが2軒も倒産してしまったんですよ。世界遺産登録は、島民全員の願いなんです」

　達男さんが湖に向かって餌を撒くと、数羽のウミネコが鳴きながら飛んできた。

1階奥にある「加茂湖御室十番」。渋みのあるみごとな襖絵と戸板の松鶴図に息を飲む。共に作者は不明だという

金沢屋のVIPルームともいえる「加
茂湖御室十番」は特殊な造り。入口
からすでに別格の雰囲気が漂う

1.金沢屋の湖畔敷地から望む加茂湖と金北山。昔は湖から船で登楼できたという　2.館内に飾られている美術品の数々。2代渡邊清次郎の頃、盛んに収集された　3.金沢屋の全景。木造2階建て瓦葺きコの字型の明治建築。1階の格子戸部分が張見世だった

　暖かな応接間に戻ると、女将が再びお茶を出してくれた。
「達男さんと、佐渡が世界遺産になって、たくさんお客が来るといいですねと話していたんです。でも、あまり忙しいのも大変ですね」
「いえいえ、色々なお客様がいて楽しいですよ。そういえば、最近はこんな人も。夜の0時を過ぎても到着しないので心配していたら、佐渡のお寿司が美味しすぎて、連絡するのを忘れてました！ですって。ほかにも、一日ずっと加茂湖

で鳥を眺めている方とか、日本中の灯台を巡り歩いている方とか」
　そう言いながら、微笑む女将。そして、
「私のあと（後継者）がなかなかいなくてね。この古い建物を好んでくれるのもそうですけど、接客業が好きな方に跡を継いでもらえたら。誰かにお声を掛けておきますので、今後ともどうぞよろしくお願いします」
　本気とも冗談ともとれる朗らかさだったが、女将はそう言いながら、丁寧に頭を下げた。

玄関の看板。保存状態の良さから、もともと屋内にあったものと思われる。上部の鳳凰が舞う唐破風は、屋外で妓楼の正面玄関を飾っていただろうか

今回泊まった三番の部屋。古美術に囲まれ寛ぐ贅沢。外はしんしんと冷えたが2枚掛けの羽毛布団でぐっすりと眠れた

上／世界遺産登録を目指す「佐渡金山遺跡」の露頭掘り跡「道遊の割戸」。かつては金山で栄えた相川（水金遊廓）と、近くの二見にも遊廓があった　右／館内に飾られている帝政ロシア時代の100ルーブル紙幣。約100年前にアメリカの原油船が入港した際、遊興に支払われたという。外国人船員で賑わう金澤楼の様子が目に浮かぶようだ

ISLAND INFO │佐渡島│

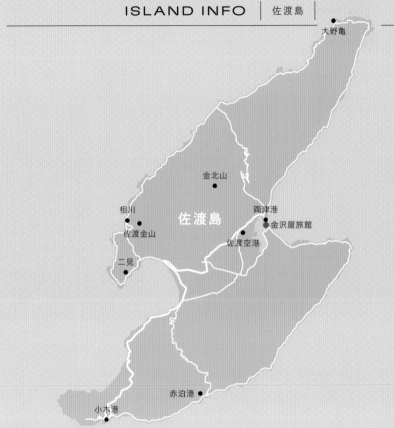

大野亀

金北山

相川

佐渡島

両津港

金沢屋旅館

佐渡金山

佐渡空港

二見

赤泊港

小木港

DATA

● 所在地：新潟県佐渡市
● 面積：854.76㎢
● 周囲：280.9km
● 標高：1,172m（金北山）
● 人口：51,492人
● アクセス：【新潟港−両津港】新潟港からカーフェリーで２時
　間30分／ジェットフォイルで１時間７分。【直江津港−小木
　港】直江津港からジェットフォイル「ぎんが」で１時間15分

新潟県

古くから日本海航路の要として発展した島。山海の幸に恵まれ、
農・漁業共に盛ん。江戸時代の相川金銀山開山以降、天領とし
て幕府の財政を支え続け、金山はその後も平成元（1989）年ま
で約400年間操業。現在その貴重な歴史を後世へ伝えるべく、
世界遺産登録を目指している。両津港は佐渡の玄関口。平成
16（2004）年10市町村が合併し佐渡市になった。

離島の社寺

初めて訪ねた離島の旅先で、思いがけず立派な社寺に出くわすことがある。そんな時は足を止め、まずは参拝し、それから建築の細部に目を凝らす。次第に圧倒され、驚き、感嘆する私。そしてその後、こんな思いが胸に去来するのだ。なぜここに？ いや、よくぞこの島に残っていてくれた、と――。

古来、離島には、格式高い社寺が少なくなかった。その要因として、昔は離島が海道の要衝であり、とりわけ大陸との交流・国防上において重要であったから。島自体が聖地として守られてきたから。諸大名や島流しとなった貴人・高僧と縁があるから。などの歴史的背景が挙げられる。

世界遺産の嚴島神社（宮島）、宗像三女神を祀る宗像大社（沖ノ島・宗像大島・本土田島）、壮麗な隠岐造の水若酢神社・玉若酢命神社（隠岐島後）などは、現存する国家的規模古社の最たるものといえるだろう。そして本来であれば、そこに多くの古刹も加わっていたはずだ。しかし、明治維新による西洋化の激流と神道的イデオロギーが昂った「廃仏毀釈」によって、各地で数多くの寺院や仏像が無残にも破壊された。離島の古刹も例外ではなく、とりわけ佐渡や隠岐は仏教排斥が激しかった。

歴史の荒波をくぐり抜け、今も人々の拠り所として鎮まり続ける離島の社寺。ここでは味のある古刹から国宝まで、いくつかの個性的な社寺建築を紹介しよう。

上蒲刈島・荘厳寺
<small>かみかまがりじま　しょうごんじ</small>

広島県呉市

安土・桃山時代の天文8（1539）
年、僧宗玄によって開基。静かで
穏やかな時が流れる瀬戸内の島の
集落内に、その名の通り、これほ
ど荘厳な彫刻の施された古刹があ
ることに驚かされる。隣の下蒲刈
島には広島藩の要港・三之瀬港が
あった。きっとここから、朝鮮通
信使などの船の往来が望めたこと
だろう。

1.荘厳寺の山門。牡丹獅子、
青龍、朱雀など、みごとな
彫刻が躍る。木鼻（柱の突
き出し部）は精緻な象鼻と
獅子鼻からなる　2.境内
の眼下に広がる瀬戸内らし
い海景　3.総ケヤキ造り
の山門

佐渡島・牛尾神社／妙宣寺

新潟県佐渡市

金銀山、北前船交易で栄えた天領の佐渡島は、古来、流刑地でもあった。順徳上皇、日蓮上人、世阿弥ら貴人が配流され、彼ら縁の社寺が歴史物語を今に伝える。佐渡は廃仏毀釈の激震地。幕末に500以上あった寺院は激減・復興を経て、現在約280寺ほどが残る。

1．「潟上の天王さん」と呼ばれる牛尾神社の拝殿。792年に出雲大社より勧請。もとは神仏習合の「八王子牛頭天王社」といったが、明治の神仏分離により改称。明治32（1899）年に能舞台ともども焼失したが、同34（1901）年から6年かけて再建。三方唐破風造の威容と島内外の名工による彫刻群に圧倒される　2．牛尾神社能舞台。毎年の「天王祭」宵宮（6/12）で薪能が奉納される。世阿弥の配流と元能役者の初代佐渡奉行・大久保長安の影響で佐渡一円に広まった能文化。今も30以上の能舞台が現存する　3．妙宣寺五重塔。江戸後期の文政8（1825）年建立。県内唯一の現存五重塔。妙宣寺は承久の乱に敗れ佐渡へ流された順徳上皇に仕えた僧・阿仏坊日得による開基と伝わる（1221年）。日得はその50年後、日蓮上人の佐渡配流の際にも危難を救い、日蓮宗に帰依した　4．妙宣寺祖師堂と渡廊

上／絢爛豪華な桃山様式の唐門（国宝）。竹生島は戦国大名も敬った聖地。とりわけ豊臣秀吉との縁深く、唐門は大阪城北の丸と二の丸を繋ぐ極楽橋の入口部分を移築したものと考えられている。令和2（2020）年改修完工　下／秀吉が朝鮮出兵の際に乗船した「日本丸」の一部を利用し築いたとされる渡廊「舟廊下」。国指定重要文化財

琵琶湖 竹生島・宝厳寺

滋賀県長浜市

天照大神の託宣を受けた聖武天皇が、高僧行基を遣わし開基（724年）。日本三大弁財天の都久夫須麻神社と共に鎮座する神仏習合の"神の島"。明治の神仏分離に従ったが、実は寺と社は「舟廊下」で繋がっている。沖島のような民の暮らしはないものの常に参拝者が絶えない。

隠岐諸島 西ノ島・焼火神社

島根県西ノ島町

かつて火山だった焼火山（452m）に鎮座する古社。承久の乱に敗れた後鳥羽上皇の隠岐配流の際、嵐に遭うも焼火神社の神火が船を導き救ったという逸話が残る。平安中期創建とされ、航海安全の神、修験道霊場として信仰を集めてきた。元来、神仏習合で「焼火山・雲上寺」と称したが、明治に入り焼火神社と改称した。

上／まるで崖にめり込むように建てられた本殿は隠岐最古の木造建築（江戸中期の1732年改築）。拝殿・通殿・本殿の３棟すべてが国指定重要文化財　下／霧深い山中、火砕岩の崖をくり抜いた岩窟に建つ社殿が神秘的だ

離島の灯台

島 旅の途中でしばしば目にする、高台や岬の突端に立つ灯台の姿。船が主要交通のひとつである日本において、灯台は欠かすことのできない建造物だ。

古来、我が国では、主に西日本を中心に海路が開発され、造船・操船技術が発達し、その伝統は、水軍、海軍、後の造船大国としての発展へと受け継がれてきた。しかし、もともと岩礁や急流の多い日本の海では、海上交通の発達と共に海難事故も多発するようになり、幕末の頃には、灯台の設置が国家としての急務となった。

男木島灯台と旧職員宿舎（香川県高松市）

瀬戸内海・備後瀬戸の要衝、男木島の北端に立つ。明治28(1895)年竣工。建材の香川県産御影石「庵治石」が渋味を醸している。旧職員宿舎は現灯台資料館。灯台守家族を描いた映画『喜びも悲しみも幾年月』(1957年)の舞台にもなり、実際に昭和62(1987)年まで灯台守が常駐した。すでに国内の全灯台は無人化されている

そこで明治新政府がイギリスから招いたのが「御雇外国人」のひとり、スコットランド人土木技師リチャード・ヘンリー・ブラントン（1841〜1901）だった。ブラントンの最大のミッションは、幕末に日本が欧米諸国と交わした「江戸条約」「大坂条約」で設置を定めた航海上重要な13灯台の建設。彼は明治元（1868）年の来日以降約8年間にわたり、母国と密に連携を取りながら、北は北海道の根室から南は鹿児島県の佐多岬まで、日本国内約30基に及ぶ灯台を建設した。

日本の文明開化に大きく貢献し、灯台技術の後継者も育てた「日本の灯台の父」ブラントン。彼が設計した灯台をはじめ、後継者たちが築いた数多くの個性的な灯台が、今も光を灯し続けている。

釣島灯台（愛媛県松山市）

明治6（1873）年、ブラントンの設計により、瀬戸内海・忽那諸島の釣島に建てられた白亜の石造灯台。下部に半円形の附属舎を持つ。経済産業省指定「近代化産業遺産」のひとつ

自らが設計・施工した神奈川県の「横浜公園」に立つブラントンの胸像。彼は横浜を拠点としながら、灯台建設をはじめ、各地の港湾開発、都市計画、鉄道敷設計画など数々の事業に携わり、日本の文明開化に大きく貢献した

角島灯台の内部。御影石造りの螺旋階段を上り、塔頂部のバルコニーへ。隣接する旧宿舎は灯台記念館になっている

角島灯台（山口県下関市）
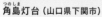

国内最後のブラントン灯台にして、彼の最高傑作とも評される石造灯台。無塗装の御影石と細部に施された意匠が、なんとも品のある佇まいを演出している。明治9（1876）年竣工。角島は低海抜（標高66m）のため、約30mの高さを持つ。令和2（2020）年、国の重要文化財に指定された

菅島灯台（三重県鳥羽市）

ブラントン設計、明治6（1873）年に建てられた国内最古の現存レンガ造灯台。高さ9.7m、円形灯塔の上に珍しい多角形の灯ろうを持つ。竣工式の際には、参議・西郷隆盛をはじめ、明治新政府の高官が多数列席したと伝わる。令和4（2022）年、国の重要文化財に指定された

1.菅島灯台の内部。弧を描く鉄製階段を上り塔頂部へ。室内には昔の機器やパネルが展示されている。例年、7月の「しろんご祭り」の日に一般公開されている　2.令和元（2019）年まで使用されていた菅島灯台の旧灯器・フレネル式四等不動レンズ。現在は最新のLED灯器に替わった　3.菅島灯台の塔頂部と伊良湖水道。この海は古くから航海の難所として知られ、かつて江戸幕府の灯明台「御篝堂」が置かれていた

大瀬崎灯台 (長崎県五島市)

五島列島福江島の西端、高さ150mに及ぶ五島層群の大断崖「大瀬崎断崖」の突端に立つ。現灯台は2代目。昭和46(1971)年改築の円形コンクリート造。国内最大級200万カンデラの光量で約50km先の沖合をも照らす。明治12(1879)年に初点灯した初代は、ブラントン設計による鉄造灯台だった

伊豆岬灯台（東京都三宅村）

今も火山活動が活発な伊豆諸島三宅島の北西端・伊豆岬に立つ、高さ約10mの小柄な石造灯台。明治42(1909)年初点灯。灯台の周囲には、約2500年前の火山地層「八丁平スコリア層」がつくった不思議なマーブル模様が広がっている

涛波岐埼灯台（宮城県石巻市）

宮城県牡鹿半島沖の離島・網地島の南端、涛波岐埼（ドワメキサキ・ドウミキサキ）に立つ灯台。昭和41(1966)年初点灯。日中、写真のように海霧に包まれていても、モザイクタイルによる赤白2色の色分けで、その存在を船舶に告げる

舳倉島灯台（石川県輪島市）

島の中心部に立つ昭和6(1931)年築・高さ約34mの灯台。舳倉島は能登半島輪島市北沖の好漁場。漁師たちは夏の漁期だけ島で過ごす。伝統の「輪島の海女漁の技術」は国指定重要無形民俗文化財。「令和6年能登半島地震」の影響で灯台は一時消灯。同年2月現在、仮灯で復旧中

中ノ鼻灯台
（広島県大崎上島町）

瀬戸内海のほぼ中央、芸予諸島の大崎上島から海上を照らす。ドーナツのような防風壁に囲まれた石造灯台は、高さ約5mと可愛らしい造り。これは、もともと海抜約40mの高所に建てられているのと、対象航路がすぐ近くであるため。明治27（1894）年初点灯

旧高森灯台（東京都新島村）

昭和5（1930）年、当時75歳の宮川タンさんが、かつて命を救ってくれた住職への恩義と地域への感謝から、私財を投げうって式根島の高台に築いた小型の石造灯台。彼女は地域の航海安全を願い、88歳になるまで毎夜200段の石段を上り、一日も欠かさず灯台の石油ランプを灯し続けたという

野伏港ふ頭灯台（東京都新島村）

伊豆諸島式根島の表玄関・野伏港に立つキャッチーな赤色の鉄造灯台。海上保安庁が該当自治体などと航路標識のデザイン化に取り組んだ全国40基の「デザイン灯台」のひとつ。平成5（1993）年、「旧高森灯台」の逸話（右記参照）をモチーフに築かれた

MAP OF JAPAN | 日本全図 |

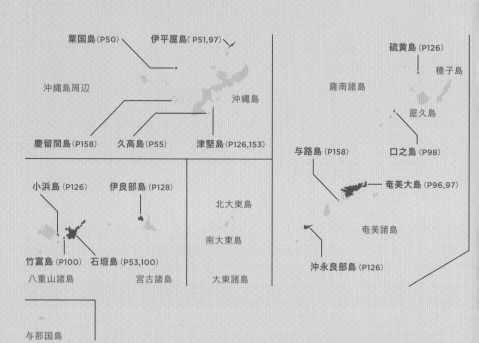

粟国島（P50）　伊平屋島（P51,97）

硫黄島（P126）

種子島

沖縄島周辺

薩南諸島

沖縄島

屋久島

慶留間島（P158）　久高島（P55）　津堅島（P126,153）

与路島（P158）

口之島（P98）

奄美大島（P96,97）

小浜島（P126）　伊良部島（P128）

北大東島

奄美諸島

南大東島

竹富島（P100）　石垣島（P53,100）

沖永良部島（P126）

八重山諸島　　宮古諸島　　大東諸島

与那国島

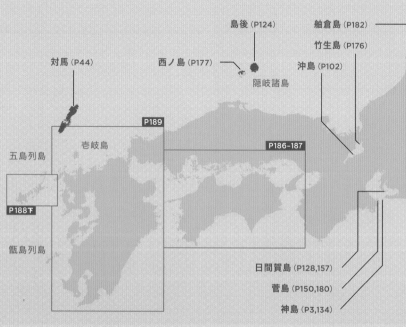

島後（P124）　　舳倉島（P182）

竹生島（P176）

西ノ島（P177）　　沖島（P102）

対馬（P44）

隠岐諸島

P189

壱岐島

P186-187

五島列島

P188下

日間賀島（P128,157）

甑島列島

菅島（P150,180）

神島（P3,134）

礼文島

利尻島

択捉島

天売島 (P26,128,151)

焼尻島 (P14)

国後島

色丹島

奥尻島 (P127)

歯舞諸島

渡島 (P123,124,156,160,174)

田代島 (P55,123)

網地島 (P54,182)

母島 (P42)

小笠原諸島

南鳥島

豆諸島

沖ノ鳥島

P188上

瀬戸内海

江田島・能美島（P49）

大崎上島（P70,135,183）

上蒲刈島（P172,173）

因島（P56）

屋代島（P71）

端島（P51）

牛島（P71）

下蒲刈島（P68）

しまなみ海道

大崎下島（P52,70）

祝島（P159）

沖家室島（P158）

怒和島（P136）

釣島（P179）

横島（P125）

魚島（P125）

鵜来島（P152）

沖の島（P55）

真鍋島(P134)　広島 (P48,49)　豊島(P135,156)　大多府島(P71)　家島(P134)

瀬戸大橋

小豆島(P46,73,154)

明石海峡大橋

淡路島

大鳴門橋

本島(P69,122)

粟島(P84)　男木島(P135,178)　高島(P72)

出羽島(P54,136,137)

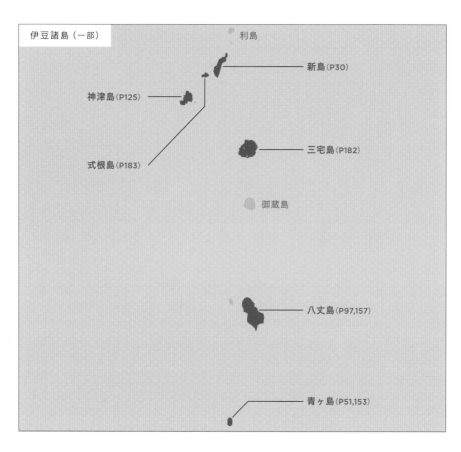

伊豆諸島（一部）

利島

新島（P30）

神津島（P125）

式根島（P183）

三宅島（P182）

御蔵島

八丈島（P97,157）

青ヶ島（P51,153）

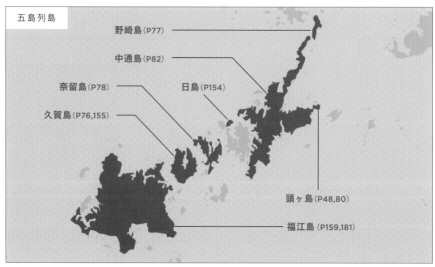

五島列島

野崎島（P77）

中通島（P82）

奈留島（P78）

日島（P154）

久賀島（P76,155）

頭ヶ島（P48,80）

福江島（P159,181）

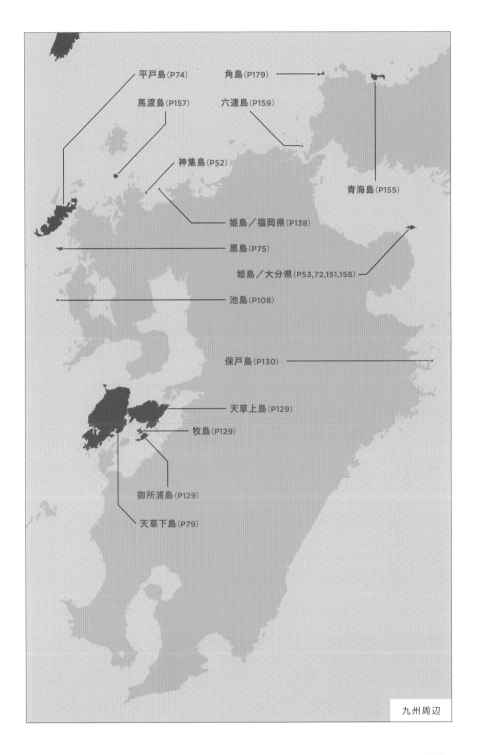

平戸島(P74)

角島(P179)

馬渡島(P157)

六連島(P159)

神集島(P52)

青海島(P155)

姫島／福岡県(P138)

黒島(P75)

姫島／大分県(P53,72,151,158)

池島(P108)

保戸島(P130)

天草上島(P129)

牧島(P129)

御所浦島(P129)

天草下島(P79)

九州周辺

おわりに

　本書を書き上げた今、これほどの島数と物件数になったことに驚いています。ですが、これでもかなり悩みながら、掲載する建物を絞り込みました。

　多くの場合、建物は人間の年齢よりも長い時間存在し続けます。特に、離島という環境下の建物は、島国・日本ならではの個性的な文化と歴史を物語る、重要な遺産のひとつともいえます。時代ごとに、それらの建物の屋内外で、多くの人々が喜び、悲しみ、泣いて、笑って、様々な人生ドラマが展開されてきたことでしょう。私が目にしてきた“離島建築”には、どれひとつ無味乾燥なものはなく、どの建物にも歴史の堆積があり、そこで過ごした人々の魂を宿しているように感じられました。

　実は、本書の制作がスタートしたのは令和2（2020）年初頭のこと。順調に進めば年内に刊行となる予定でしたが、予期せぬコロナ禍に襲われ、作業は完全にストップしてしまいました。特に離島は隔絶された環境にあり、大きな病院がある島はごくわずか。感染症を持ち込んだとなれば一大事です。その時世の中、積極的に島々を訪ね歩くわけにはいかず、また、公的に住民以外の往来が制限された島も少なくありませんでした。

　一時は刊行の断念さえ脳裏によぎりましたが、離島特有の建物にまつわる島々の文化と歴史を、多くの読者に知ってほしい、年々失われてゆく古く貴重な建造物をできるだけ記録に残したい、そうしたささやかな願いと、そして、すでに協力してくださっていた関係者の方々への期待に報いるためにも、何としても本書を上梓するのだと自分に言い聞かせながら、執筆を続けました。結果的に、本書は4年の歳月を費やす労作となりました。

　作業の中断を余儀なくされた間も、株式会社トゥーヴァージンズの担当編集者ならびにスタッフの皆様方は、辛抱強く待ち続けてくれました。改めて感謝申し上げます。そして何よりも、取材・撮影を快諾してくださった“離島建築”の所有者・関係者の皆様に、心から御礼を申し上げます。4年の間に他界された方もいらっしゃり、その方へ上梓のご報告を出来なかったことが悔やまれてなりません。故人のご冥福をお祈りし、改めて感謝の言葉をお伝えしたいと思います。

　本書を通じて、少しでも多くの方々が“離島建築”に興味を持ってくださること、そして、それらの建築を生み出し、利用し、守り継いでいる島々の人々に心を寄せてくださることを、願ってやみません。

写真家・箭内博行

参考文献

- ●『カラー版　図説建築の歴史　―西洋・日本・近代』西田雅嗣・矢ヶ崎善太郎編(学芸出版社)
- ●『建築用語の早わかり　新版』(日本建築士会連合会)
- ●『日本の美術　第406号　離島の建築』浅川滋男(至文堂)
- ●『眠れなくなるほど面白い図解 建築の話』スタジオワーク(日本文芸社)
- ●『日本の島ガイド SHIMADAS』(日本離島センター)
- ●『島々の日本』(日本離島センター)
- ●『日本キリスト教史』五野井隆史(吉川弘文館)
- ●『図説民俗探訪事典』(山川出版社)
- ●『しま山100選』(mont-bell BOOKS)
- ●『「島」へ。』加藤庸二(講談社)
- ●『ニッポン島遺産』斎藤潤(実業之日本社)
- ●『知っておきたいちょっと変わった五島雑学事典』永治克行(ゆるり書房)
- ●『新島村史　通史編』(新島村)
- ●『式根島開島百年史』(新島本村役場)
- ●『バプテストの瀬戸内海福音丸伝道　1899〜1940年』大島良雄(ダビデ社)
- ●『広島県の近代化遺産』(広島県教育委員会)
- ●『建築にみるヴォーリズと近江八幡』(近江八幡観光物産協会)
- ●『造船工場地域の研究 ―相生・因島両地区の場合―』村上雅康(大明堂)
- ●『日本の海賊　写真紀行』清永安雄(産業編集センター)
- ●『長崎游学マップ 2　長崎・天草の教会と巡礼地完全ガイド』カトリック長崎大司教区監修(長崎文献社)
- ●『塩飽史年表』(塩飽史談会)
- ●『国立粟島海員学校要覧』(詫間町)
- ●『船員を育てて九十年 粟島海員学校始末記』(詫間町文化財保護協会)
- ●『近世讃岐粟島の海運』安田憲司(文芸社)
- ●『奄美諸島の民俗文化誌』下野敏見(南方新社)
- ●『池島全景　離島の《異空間》』黒沢永紀(三才ブックス)
- ●『外海　1994外海町勢要覧』(外海町役場)
- ●『両津町史』(両津市中央公民館)
- ●『全国遊廓案内』(日本遊覧社)
- ●『遊廓に泊まる』関根虎洸(新潮社)
- ●『佐渡能楽史序説　―現存能舞台三五棟―』小林責・池田哲夫(高志書院)
- ●『佐渡歴史文化シリーズ 6　佐渡芸能史 上』田中圭一編(中村書店)
- ●『図説 佐渡歴史散歩』佐渡博物館監修(河出書房新社)
- ●『仏教抹殺 なぜ明治維新は寺院を破壊したのか』鵜飼秀徳(文藝春秋)
- ●『お雇い外国人　明治日本の脇役たち』梅溪昇(講談社)
- ●『お雇い外国人の見た近代日本』R・H・ブラントン(講談社)
- ●『ライトハウス　すくっと明治の灯台64基』野口毅(バナナブックス)
- ●「南西諸島の群倉」野村孝文(「日本建築学会論文報告集 第66号」)
- ●「上五島を中心とした西九州のカトリック教会堂にみられる植物紋様の多様性」山口裕文・大野朋子・歌野礼(「人間・植物関係学会雑誌 13巻第 2号」)
- ●「十島村の居住空間の現在　―口之島を中心に―」清水郁郎(「国際常民文化研究叢書10」)
- ●「週刊日本の島」(デアゴスティーニ・ジャパン)
- ●『新島歴史散歩』(新島観光協会)
- ●『新島コーガ石沿革誌』(新島本村役場)
- ●『島へ。』(海風舎)
- ●「季刊しま」(日本離島センター)

箭内博行（やない・ひろゆき）

写真家。1973年生まれ、埼玉県育ち。國學院大卒。「日本再発見」をテーマに今まで国内350の島々へ。著書『約束の島、約束の祭』（情報センター出版局）、『ニッポン とっておきの島風景』（パイインターナショナル）、『ニッポン 離島の祭り』（グラフィック社）。他に雑誌・新聞等での紀行連載、広告掲載多数。自然・文化・人情に惹かれながら、国内の島々を活写し続けている。（公社）日本写真家協会会員。ヤナイフォトイメージ合同会社代表。
URL：www.yanaihiroyuki.net

写真：箭内博行
デザイン：松本 歩、榎本理沙（細山田デザイン事務所）
地図：鈴木 学（bellybutton Design Studio）
編集：浅見英治、奥間千夏（TWO VIRGINS）

離島建築
島の文化を伝える建物と暮らし

2024年4月30日　初版第1刷発行

executive producer　Blue Jay Way

著　者：箭内博行

発行者：住友千之
発行所：株式会社トゥーヴァージンズ
　　　　〒102-0073　東京都千代田区九段北4-1-3
　　　　電話：(03) 5212-7442　FAX：(03) 5212-7889
　　　　https://www.twovirgins.jp/

印刷所：株式会社 光邦

ISBN 978-4-908406-95-9